普华文化
PUHUA BOOKS

我们一起解决问题

U0734364

服务行业工作全流程快速入门系列

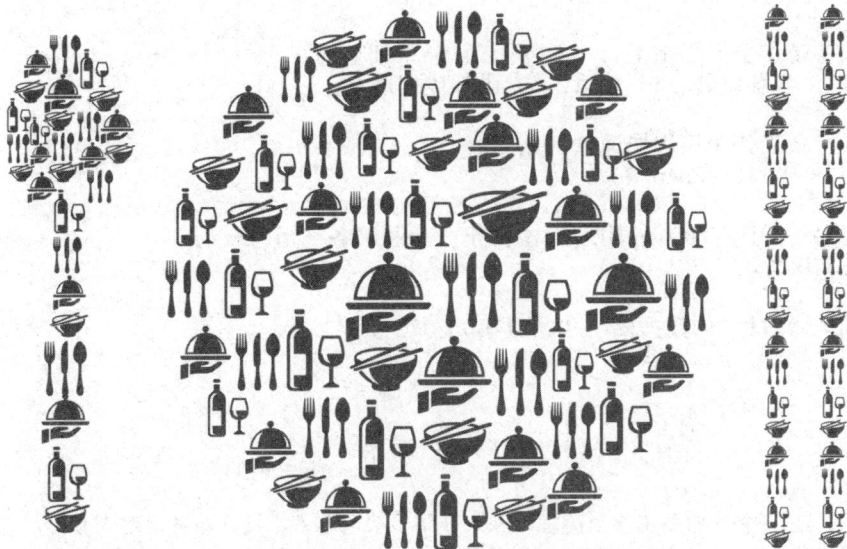

# 餐厅服务工作全流程指南

## 12大环节、66个细节的应对与处理

容莉◎编著

人民邮电出版社

北　京

图书在版编目（CIP）数据

餐厅服务工作全流程指南 ：12大环节、66个细节的
应对与处理 / 容莉编著. -- 北京 ：人民邮电出版社，
2024.4
（服务行业工作全流程快速入门系列）
ISBN 978-7-115-63945-5

Ⅰ. ①餐… Ⅱ. ①容… Ⅲ. ①饮食业－商业服务－指
南 Ⅳ. ①F719.3-62

中国国家版本馆CIP数据核字(2024)第053372号

## 内 容 提 要

本书详细描述了餐厅服务工作全流程，深入介绍了餐前准备、预订服务、迎宾领位、点菜服务、上菜服务、分菜服务、酒水服务、席间服务、结账服务、送客服务、宴会服务、团餐服务共12大环节的66个细节，并以附录的形式介绍了与餐厅服务相关的礼仪、礼节、知识和必备素质。

本书适合餐厅服务人员、餐厅管理人员阅读，也可以作为相关培训机构的培训用书。

◆ 编　著　容　莉
责任编辑　陈　宏
责任印制　彭志环
◆ 人民邮电出版社出版发行　　北京市丰台区成寿寺路 11 号
邮编　100164　电子邮件　315@ptpress.com.cn
网址　https://www.ptpress.com.cn
涿州市京南印刷厂印刷
◆ 开本：787×1092　1/16
印张：13.5　　　　　　　　　　2024 年 4 月第 1 版
字数：240 千字　　　　　　　　2024 年 4 月河北第 1 次印刷

定　价：69.80 元

读者服务热线：(010) 81055656　印装质量热线：(010) 81055316
反盗版热线：(010) 81055315
广告经营许可证：京东市监广登字 20170147 号

# 前　言 |preface

餐厅服务是指餐厅服务人员为顾客提供高质量就餐服务的一个过程。餐厅服务是提供美味佳肴的重要一环，在整个用餐过程中，服务人员的表现可以影响顾客的用餐体验。正确、优质的服务能提升顾客的满意度，给顾客留下良好的印象。

随着人们生活水平日益提高，顾客对餐厅服务质量的评判标准，不再局限于餐厅菜品是否足够好吃，还在于餐厅服务是否人性化，服务人员能否站在顾客的角度，发自内心地贴心服务。所以餐饮企业在追求餐厅菜品色香味俱全的同时，还应注重对服务人员的培训。

餐厅服务中的每一个环节（迎宾、点菜、上菜、分菜、酒水服务、席间服务、结账、送客等全流程）都很重要。要使服务人员做好各个环节的服务，餐饮企业必须制定严谨的服务流程、完整的服务制度，要求服务人员对待任何顾客都要遵循这个流程，从而做到服务规范化、标准化、制度化。

同时，餐饮企业应通过对餐厅服务工作进行全流程的培训，使服务人员具备服务意识，熟练掌握餐厅服务的基本技能、基本程序，提升语言表达能力和应变能力及心理素质，能把学到的知识灵活运用到实际工作中，为顾客提供优质的服务。

餐厅服务全流程管理的重要性和意义不言而喻。环节清楚，流程清晰，从宏观到微观，通过为顾客提供到位的细节服务，管理者和服务人员能够提高综合服务能力，以优质的服务让顾客满意，提升餐厅服务档次。

基于此，作者编写了《餐厅服务工作全流程指南：12大环节、66个细节的应对与处理》一书。本书主要从餐前准备、预订服务、迎宾领位、点菜服务、上菜服务、分菜服务、酒水服务、席间服务、结账服务、送客服务、宴会服务、团餐服务12大环节，对餐厅服务工作全流程进行了详细的描述与讲解，并且以附录的形式介绍了与餐厅服务相关的礼仪、礼节、知识和必备素质，供读者参考。

本书图文并茂，用浅显的语言和生动的图片，系统梳理与介绍了餐厅服务工作全流程，读者不仅读起来轻松，而且可以快速掌握实际问题的应对与处理方法。

由于作者水平有限，书中难免存在疏漏之处，敬请读者批评指正。

# 目 录 |contents

## 环节 4　点菜服务

## 环节 5　上菜服务

# 环节 8  席间服务

# 环节 9  结账服务

# 环节 10  送客服务

## 环节 1　餐前准备

正所谓"好的开始是成功的一半"，做好餐前准备工作是餐厅提供良好服务、高效流畅开展运营工作的重要保证。充分的餐前准备工作不仅能够为服务员后续的服务工作奠定好的基础，也能减轻服务员在服务过程中的压力。

一般来说，餐前准备工作主要内容如图 1-1 所示。

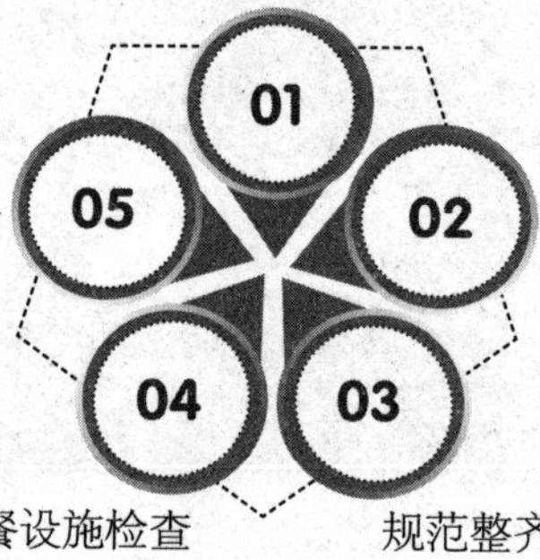

图 1-1　餐前准备工作主要内容

## 细节01：仪容仪表检查

个人卫生是集体卫生的基础。在餐厅服务中，服务员的个人卫生关乎菜品的质量，也是衡量餐厅服务水平的重要指标。因此，服务员在上岗前要对自己的仪容仪表进行全面的检查，使其符合礼仪规范。

### （一）仪容要求

服务员的仪容不仅体现个人素质，而且反映餐厅的精神风貌。

1. 头发

服务员应保持发型整洁。男服务员的刘海不过眼帘，发不过耳，头后发不过衣领；女服务员如留长发，应用统一样式发卡把头发盘起，不擦浓味发油，发型美观大方，不留怪异发型和披肩发。

**2. 面容**

服务员要做到面容洁净、端庄大方。男服务员不留胡须，常修面；女服务员化淡妆。

**3. 双手和手臂**

服务员不能留长指甲；女员工不可涂有色指甲油。服务员的手臂上不能有文身（见图1-2）。

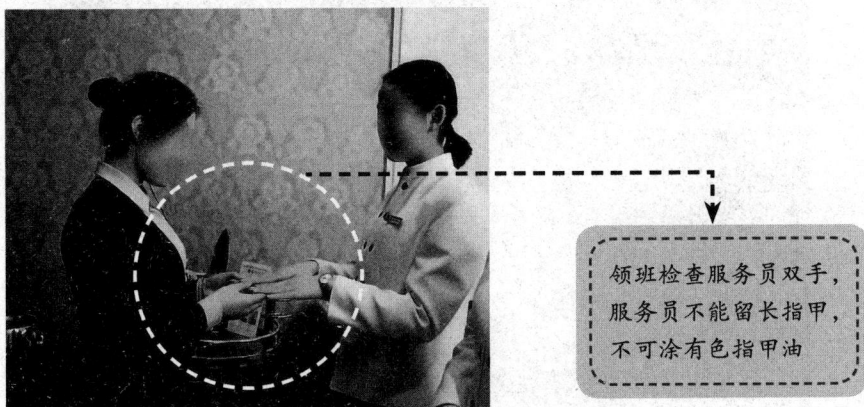

图 1-2　服务员双手和手臂的仪容要求

**4. 清洁**

服务员应保持头发、皮肤、牙齿、指甲的清洁和口气的清新；要勤理发、洗头、修面，勤洗澡、更衣，勤剪指甲、洗手；可适当使用除臭剂或没有刺鼻气味的香水。

## （二）仪表要求

着装规范、整洁、得体，是服务员仪表要求的重要内容，也是衡量餐厅等级、服务水准的重要依据。

**1. 服装**

每家餐厅都非常注意员工形象，会专门请人为员工设计工作服。餐厅的工作服虽因内部岗位的不同而有许多不同的款式，但同一岗位的工作服款式一般是约定俗成的，如服务员、迎宾员等用的款式。有些款式已沿用了几十年，虽没有明文规定，但已被本行业普遍认可。

每家餐厅的员工都有自己的着装佩饰，即使在同一家餐厅，不同级别员工的着装佩饰也不同。顾客往往根据员工的着装佩饰来判断员工的身份。

　　餐厅工作服有统一的要求，任何员工不能随意修改。某酒店员工服装如图 1-3 所示。服务员应注意领子和袖口的洁净，注意保持工作服整体的挺括。每天上岗前，服务员必须细心检查工作服上是否有菜汁、油渍，扣子是否齐全、有无松动，衣裤是否有漏缝和破边等。总之，经反复检查并确认合格后才能穿着工作服上岗。

**图 1-3　某酒店员工服装**

　　规范的着装佩饰，既有利于员工开展工作，又有利于员工以典雅、大方、得体的仪表仪容出现在顾客面前。

**小提示**

　　2. 铭牌

　　服务员的铭牌要统一印制，并佩戴在规定的部位（一般为左胸）。

　　3. 首饰

　　服务员佩戴的首饰应尽量简朴，一般不得佩戴豪华昂贵的首饰；若是亲人馈赠的有纪念意义的首饰，经上级同意方可佩戴。服务员一般只可佩戴手表和结婚戒指。

　　4. 领带

　　领带是"服饰的灵魂"。不少餐厅对不同层次的管理人员的领带颜色有规定。领带要按规定系好，其长度以系好后大箭头垂至裤腰为宜。

5. 领结

领结的款式有平直结、钻石结、经典结等。服务员一般要系餐厅统一发放的领结。

6. 鞋

服务员穿着的鞋一般为素雅、端庄、体面、大方的黑色布鞋或皮鞋。鞋应保持清洁。女性要穿平跟的黑色皮鞋，细跟的高跟皮鞋是不适宜的。

7. 袜

袜子具有衔接裤子和鞋的作用，其颜色一般应与裤子、鞋的颜色相同或相近；若深色袜子侧面绣有花纹，花纹也应是深色的，穿着带有浅色或鲜艳颜色花纹的袜子会显得轻浮。男员工所穿袜子以中筒袜为宜，以免坐下时露出皮肤和腿毛。女员工穿裙子时宜穿肉色丝袜并避免露出袜口。袜子要勤换洗，不可有异味。

## 细节02：就餐环境检查

开门营业后，服务员应各司其职，做好与就餐环境相关的准备工作。开餐前，餐厅经理应及时做好检查工作，以确认达到开餐标准。

表1-1是某餐厅开餐前的就餐环境检查表。图1-4展示了某餐厅开餐前的清洁工作。

表 1-1　就餐环境检查表

检查日期：　　　　　　　　　　　　　　　　　　　　　　检查人：

| 序号 | 检查内容 | 等级 | | | |
|---|---|---|---|---|---|
| | | 优 | 良 | 中 | 差 |
| 1 | 玻璃门窗及镜面是否清洁，是否无灰尘、裂痕 | | | | |
| 2 | 窗框、工作台是否无灰尘、污渍 | | | | |
| 3 | 地板是否无碎屑、污痕 | | | | |
| 4 | 墙面是否无污痕、破损 | | | | |
| 5 | 盆景是否无枯萎、灰尘 | | | | |
| 6 | 墙面装饰品是否无破损、污迹 | | | | |
| 7 | 天花板是否无破损、漏水痕迹 | | | | |
| 8 | 天花板是否清洁，有无蜘蛛网 | | | | |
| 9 | 通风口是否清洁，通风是否正常 | | | | |

（续表）

| 序号 | 检查内容 | 等级 | | | |
|------|----------|------|------|------|------|
| | | 优 | 良 | 中 | 差 |
| 10 | 灯泡、灯管、灯罩是否无脱落、破损、污渍 | | | | |
| 11 | 吊灯照明是否正常，吊灯是否完整 | | | | |
| 12 | 餐厅内温度和通风是否达标 | | | | |
| 13 | 餐厅通道有无障碍物 | | | | |
| 14 | 餐桌椅是否无破损、灰尘、污渍 | | | | |
| 15 | 广告宣传牌是否无破损、灰尘、污痕 | | | | |
| 16 | 菜单是否清洁，有无缺页和破损 | | | | |
| 17 | 台布是否清洁卫生 | | | | |
| 18 | 背景音乐是否适合就餐气氛 | | | | |
| 19 | 背景音乐的音量是否适中 | | | | |
| 20 | 整体环境是否能吸引顾客 | | | | |

开餐前做好室外地面清洁，要求无碎屑、污痕、水渍

开餐前清洁广告宣传牌，要求无污痕、灰尘

图 1-4　开餐前的清洁工作

## 细节03：规范整齐摆台

摆台又称铺台、摆桌，是指将各种进餐用具按照一定的要求摆放在餐桌上。摆台的基本要求如图 1-5 所示。

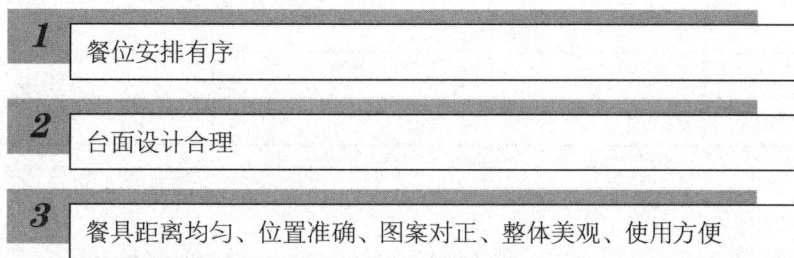

| | |
|---|---|
| **1** | 餐位安排有序 |
| **2** | 台面设计合理 |
| **3** | 餐具距离均匀、位置准确、图案对正、整体美观、使用方便 |

**图 1-5　摆台的基本要求**

摆台可分为中餐摆台和西餐摆台两大类。

### （一）中餐摆台

各地区、各餐厅的中餐摆台大同小异，主要依据餐厅规格和就餐需要选择相应的餐具来摆设。

1. 摆台用具

摆台用具主要包括表 1-2 所示的几类。

**表 1-2　摆台用具**

| 用具 | 说明 |
|---|---|
| 瓷器 | （1）餐碟，也称骨碟、渣盘，是进餐中放冷、热菜和放骨、刺等的盘，一般选用直径为 15 厘米左右的圆盘<br>（2）衬盘，也称垫盘，放在餐碟下面，主要起美化台面的作用，一般高级宴会用得较多。其颜色和款式较多，制作材料有金属、瓷、水晶、有机玻璃等<br>（3）汤碗，用来盛汤或接吃带有汤汁的菜，一般选用直径为 9～10 厘米的小碗。高级和重要宴席中汤碗可放在镀金或银制碗托里<br>（4）汤勺，有瓷制的小汤勺，也有金属制的长柄汤勺。小汤勺用来盛汤、吃甜点或带有汤汁的菜，一般摆放在汤碗或味碟里。长柄汤勺主要用作公勺，摆放在筷架上备用<br>（5）味碟，用于盛放辣酱、酱油、醋、姜汁、芥末等调味品，一般选用直径为 7～10 厘米的小碟 |

（续表）

| 用具 | 说明 |
| --- | --- |
| 瓷器 | （6）筷架，用来将筷子前端架起，避免与桌面接触，保证卫生。筷架有瓷制品，也有金属制品、木制品等，形态不一。经过改良的筷架还可放置长柄汤勺，又叫作筷子公羹架<br>（7）香巾碟，放置热毛巾的小碟子。其制作材料有瓷、水晶、金属、竹子等。其形态不一，造型各异 |
| 玻璃器皿 | 主要是酒具，包括白酒杯、葡萄酒杯、饮料杯等 |
| 其他餐具 | 如筷子、牙签、餐巾、台布等物品 |

2. 中餐零点摆台

中餐便餐有两种形式，一种是团餐，另一种是零点。团餐标准固定、人数固定、餐桌固定，一般是10人一桌，座位无主次之分。零点则由顾客任选座位，顾客入座后按菜单点菜。

（1）摆台前的准备工作

摆台前的准备工作流程如图1-6所示。

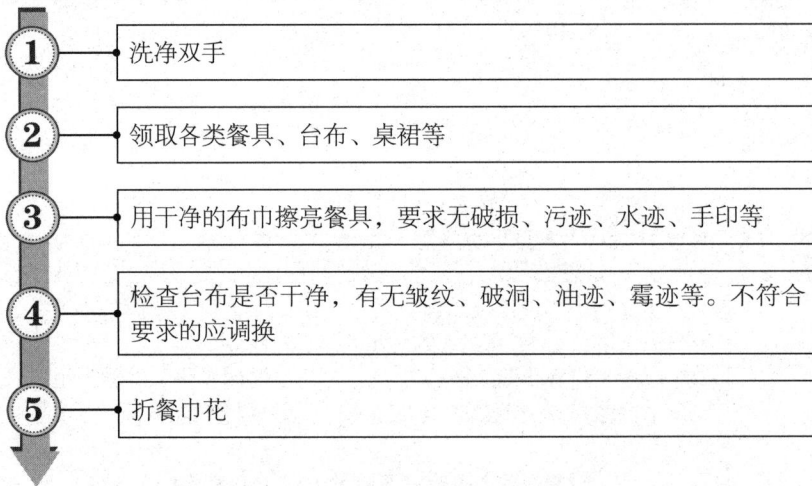

① 洗净双手

② 领取各类餐具、台布、桌裙等

③ 用干净的布巾擦亮餐具，要求无破损、污迹、水迹、手印等

④ 检查台布是否干净，有无皱纹、破洞、油迹、霉迹等。不符合要求的应调换

⑤ 折餐巾花

图1-6　摆台前的准备工作流程

（2）铺台布

① 铺台布（见图1-7）。铺台布的方式有很多种，如推拉式、撒网式、波浪式等。铺台布的基本要领是：服务员站在主位一侧，用双手将台布抖开铺在桌面上。台布正面向上，中心线对准主位、副主位，十字中心点居于餐桌正中心，台布四角分布

均匀。若是圆台布，则台布边缘与地面的距离应相等。铺好的台布应舒展平整，同一餐厅所有餐桌上的台布的折缝要横竖统一，然后将转圈和转盘放于中心点。

图 1-7　铺台布

小提示

在铺台布前要将双手洗净，仔细检查准备铺用的每张台布，残破、有油渍和皱了的台布不能使用。

② 换台布。换台布就是将脏台布撤下并将干净台布迅速铺到餐桌上，目的是不让台面裸露在顾客面前。

当台面上有玻璃转盘且需换台布时，操作方法如下：服务员站在主位一侧，首先将脏台布收拢至转圈处，然后掀开转盘取出转圈移置于桌面一边，再移动转盘放于转圈上，收起脏台布；接着将干净台布铺上，将转盘上一小边台布掀开，一手掀转盘，一手取转圈并将转圈放于台布中央，然后双手将转盘立于桌面，再滚动放于转圈上，拉好台布，检查转盘的转动是否灵活、有无晃动，转动时有无杂音等，检查完毕后再开始摆台。

（3）铺转盘

先将转圈放在桌面的正中位置，然后将转盘放在转圈上，轻轻转动，检查转动是否灵活。铺好台布与转盘的桌面如图 1-8 所示。

9

图 1-8　铺好台布与转盘的桌面

（4）摆餐碟

将餐碟摆在每个座位所对台面的正中，距桌边 1.5 厘米。

（5）摆汤碗

将汤碗摆在餐碟左侧稍上方，与餐碟的间距为 1 厘米。

摆放餐碟、汤碗时可用手指测量距离，如图 1-9 所示。

图 1-9　服务员摆餐碟、汤碗时用手指量距离

（6）摆筷架、筷子

筷架摆在餐碟右侧，与汤碗成一条直线，距餐碟 1 厘米，筷子尾部距桌边 1.5 厘米。

（7）摆汤勺

将汤勺摆在汤碗内，勺把朝左。

（8）摆杯子

杯子一般摆在餐碟上方，间距约为 1 厘米。

（9）摆餐巾花

将餐巾花置于餐碟上（见图 1-10）。

图 1-10 餐巾花摆放示意

（10）摆牙签盅、调料架、花瓶

将牙签盅、调料架、花瓶摆在台面固定位置，一般摆在台布中线附近。

（11）摆公用筷架

8 人以上的台面应摆放公用筷架，供主人为顾客布菜和其他人取菜用。公筷、公勺放在公用筷架上，筷架摆在个人用餐具的上方或转台上。

有的餐厅为每位顾客配一双公筷（见图 1-11），专门用于夹菜。

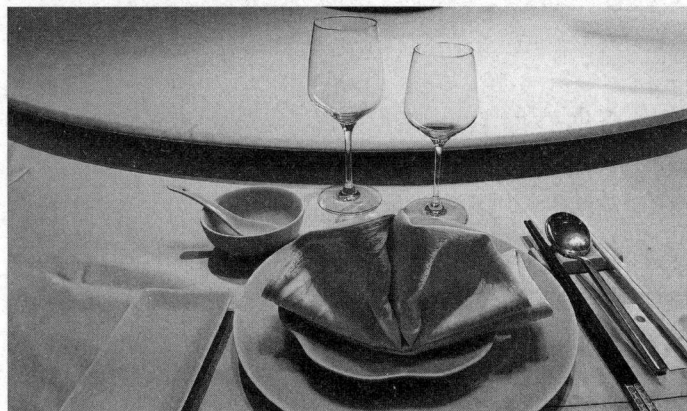

图 1-11 公筷摆放示意

3. 中餐宴会摆台

（1）座次安排

根据宴会的性质、主办单位或主人的特殊要求，按出席者的身份确定其座位。座次安排必须符合礼仪规范，尊重风俗习惯，便于席间服务。

正式宴会座次安排原则是主人坐在厅堂正面，对面坐副主人，主人右侧坐主宾，左侧坐第二宾；副主人右侧坐第三宾，左侧坐第四宾，其他座位坐翻译和陪同人员。婚宴、寿宴的座次安排稍有不同。中餐宴会座次安排如图 1-12 所示。

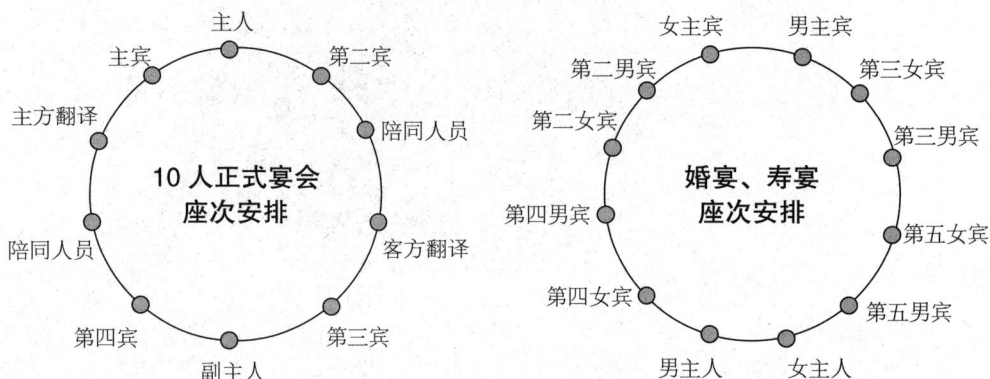

图 1-12　中餐宴会座次安排

> **小提示**
>
> 当顾客在餐厅举行高规格的中餐宴会时，服务员要协助承办人排好座次，或者将来宾姓名和座次体现在平面图上，并将其张贴到餐厅入口处，以便引导顾客入席。

（2）摆台前的准备工作

与零点摆台前的准备工作相同。

（3）铺台布、放转盘、围桌裙、配餐椅

① 中餐宴会一般使用直径为 180 厘米的 10 人圆桌，台布选用边长或直径为 240 厘米的方台布或圆台布。

② 玻璃转盘应摆在桌面中央的转圈上，检查转盘是否能正常工作。

③ 规格较高的宴会要在圆桌外沿围上桌裙。

④ 按宴会出席人数配齐餐椅，以 10 人为一桌。

（4）摆餐具

摆餐具时一律使用托盘，左手托盘，右手戴手套摆餐具。中餐宴会摆餐具的步骤及要求如表 1-3 所示。

表 1-3　中餐宴会摆餐具的步骤及要求

| 序号 | 步骤 | 要求 |
| --- | --- | --- |
| 1 | 骨碟定位 | 将 10 个骨碟放在托盘上，从主人座位处开始按顺时针方向依次摆骨碟，碟边距桌边 1.5 厘米，各骨碟之间的距离相等，若碟子印有店徽等图案，图案要正面示人 |
| 2 | 摆汤碗、汤勺和味碟 | 在骨碟中心点与转盘中心点的连线左侧摆汤碗，汤勺摆在汤碗中，勺柄朝左，连线右侧摆味碟，汤碗与味碟相距 2 厘米，且在一条直线上 |
| 3 | 摆筷架、长柄汤勺、筷子、牙签 | 在汤碗与味碟横向连线的右侧延长线处放筷架；筷子、长柄汤勺摆在筷架上，勺柄与骨碟相距 3 厘米，筷尾（如有筷套，筷套应正面向上）距桌边 1.5 厘米，并与骨碟在纵向上平行；袋装牙签位于长柄汤勺和筷子之间，牙签套正面朝上，底部与长柄汤勺尾部齐平 |
| 4 | 摆玻璃器皿 | 在骨碟中心点与转盘中心点的连线上、汤碗和味碟的上方摆葡萄酒杯，葡萄酒杯左侧摆饮料杯，饮料杯与汤碗相距 1.5 厘米，葡萄酒杯右侧摆白酒杯，三杯成一条直线并左高右低，三杯之间的距离相等，均为 1.5 厘米。三杯之间的横向连线与汤碗和味碟之间的横向连线平行 |
| 5 | 摆餐巾花 | 若选用杯花，需提前折叠放在杯内，侧面观赏的餐巾花，如鸟、鱼等，将其头部朝右摆放。注意把不同样式、不同高度的餐巾花搭配摆放，主人位上摆较高的餐巾花 |
| 6 | 摆公用餐具 | 在主人、副主人杯具的前方各摆一个筷架或餐盘，将一副公筷和汤勺摆在上面，汤勺在外侧，筷子在内侧，勺柄和筷子尾端向右 |
| 7 | 摆宴会菜单、台号、座位牌 | 一般 10 人座放两份菜单，主人、副主人餐具侧各摆一份，菜单底部距桌边 1 厘米。高级宴会上可在每个餐位放一份菜单。<br>台号一般摆在每张餐台的中间，台号朝向宴会厅的入口处，使顾客一进宴会厅便能看到（若是大型宴会，还要摆放容易辨认的、引导性的台牌）。<br>正式宴会的主桌、大型宴会的餐桌要摆座位牌。一般选用双面座位牌，放置于酒具外侧 1 厘米处。如果是单面座位牌，座位牌正面要对着餐桌中心 |
| 8 | 摆插花 | 转台正中摆插花或其他装饰品，以示摆台结束 |

摆台完毕后再次检查台面餐具有无遗漏、破损，餐具摆放是否符合规范，餐具是否清洁光亮，餐椅是否配齐。

中餐宴会摆台示意如图 1-13 所示。

图 1-13　中餐宴会摆台示意

## （二）西餐摆台

西餐摆台可分为便餐摆台和宴会摆台两种。

### 1. 西餐便餐摆台

（1）摆台前的准备工作

与中餐摆台前的准备工作相同。

（2）铺台布、摆餐椅

先在台面上放垫布，然后在垫布上铺台布。

（3）摆餐具

① 西餐早餐摆台。西餐早餐一般是在咖啡厅内提供的，可分为美式早餐、欧陆式早餐及零点早餐等，其摆台方法略有差异，如表 1-4 所示。

表 1-4　西餐早餐摆台方法

| 餐具类别 | 摆放要求 |
| --- | --- |
| 餐盘与刀、叉、匙 | 在餐椅正对的台面上摆放直径为 24 厘米的餐盘，餐盘距桌沿 2 厘米，将餐巾花摆放在餐盘上，餐盘的左侧放一把餐叉，叉面朝上，右侧放餐刀，刀口向餐盘，汤匙放在餐刀右侧，匙面朝上，刀叉距餐盘 1.5 厘米，餐刀距汤匙 1.5 厘米，刀、叉、匙下端在一条直线上，距桌沿 2 厘米 |
| 面包盘与黄油刀 | 面包盘在餐叉左侧，距餐刀和桌沿各 1.5 厘米。黄油刀刀口朝左，摆放于面包盘上右侧，与餐叉平行 |
| 水杯 | 在餐刀正前方 3 厘米处摆放水杯 |
| 咖啡杯具 | 在汤匙右侧摆放咖啡杯和咖啡碟，杯把和匙柄朝右 |
| 其他 | 调味盅、牙签筒等摆放在餐台中心位置 |

② 西餐午、晚餐摆台。西餐午、晚餐摆台一般是在早餐摆台的基础上撤去咖啡杯具，增加甜点叉和茶匙。甜点叉横放于餐盘正前方，叉柄朝左。在甜点叉的上方，与甜点叉平行摆放茶匙，匙柄朝右。

西餐便餐摆台示意如图 1-14 所示。

图 1-14　西餐便餐摆台示意

2. 西餐宴会摆台

西餐宴会与中餐宴会不同，一般采用长方形餐桌。摆台时要按照一底盘、二餐具、三酒水杯、四调料用具、五艺术摆设的程序进行。

（1）座次安排

① 家庭式西餐宴会的座次安排一般如图 1-15 所示。主人的座位一般正对厅堂入口，便于其纵观全厅。餐桌两端分别设主人位（男主人位）和副主人位（女主人位），男、女顾客穿插落座，夫妇穿插落座。

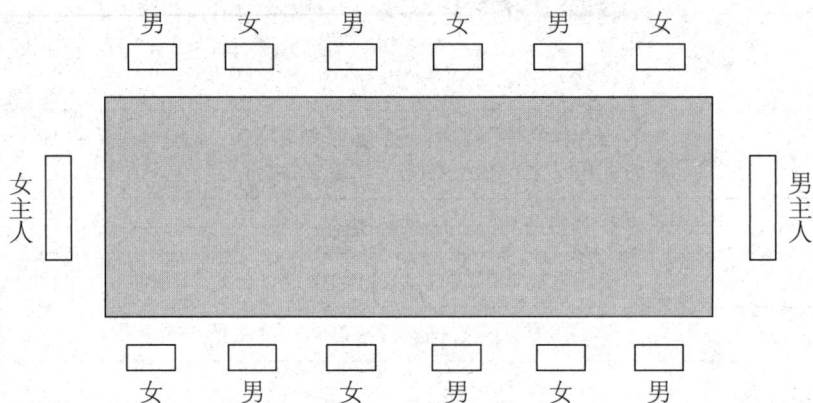

图 1-15　家庭式西餐宴会的座次安排

② 若属于正式宴会，双方都有一位重要人物参加，那么第一主宾要坐在主人右侧，第二主宾坐在副主人右侧，次要人物由中间向两侧依次排开。

③ 若正式宴会中双方首要人物都带有夫人，有两种安排方法：第一种是法式座次安排，即主宾夫人坐在主人右侧，主宾坐在主人夫人右侧；第二种是英式座次安排，即主人夫妇分坐餐桌两端，主宾夫人坐在主人右侧，主宾坐在主人夫人右侧，其他男、女顾客穿插落座。

（2）准备餐具

西餐餐具品种较多，每上一道菜就应撤去不用的餐具。

（3）铺台布

西餐宴会使用的餐桌一般使用数张方桌拼接而成。铺台布时应由里向外铺，目的是让每张台布的接缝朝里，避免步入餐厅的顾客看见。铺好的台布的中线要相接，成一条直线，台布两侧下垂部分要美观整齐，两边均匀。

（4）摆餐具

西餐宴会摆餐具的步骤及要求如表 1-5 所示。

表 1-5　西餐宴会摆餐具的步骤及要求

| 序号 | 步骤 | 要求 |
|---|---|---|
| 1 | 摆餐盘 | 与中餐摆台一样，从主人位开始按顺时针方向在每个席位正对的位置摆放餐盘，注意将店徽等图案摆正，盘边距桌沿 2 厘米，各盘之间的距离相等 |
| 2 | 摆刀、叉和匙 | 在餐盘的右侧从左到右依次摆放主餐刀、鱼刀、汤匙、开胃品刀，刀口朝左，匙面向上，刀柄、匙柄距桌沿 2 厘米。餐盘左侧从右到左依次摆放主餐叉、鱼叉、开胃品叉，叉面朝上，叉柄距桌沿 2 厘米。鱼刀、鱼叉要向前突出 4 厘米 |
| 3 | 摆水果刀、叉（或甜品叉），甜品匙 | 在餐盘正前方横摆甜品匙，匙柄朝右。在甜品匙前方平行摆放水果叉（或甜品叉），柄朝左。在水果叉前方平行摆放水果刀，刀柄朝右 |
| 4 | 摆面包盘、黄油刀和黄油盘 | 在开胃品叉左侧摆放面包盘，面包盘的中心点与餐盘的中心点在一条直线上，盘边距开胃品叉 1.5 厘米。在面包盘上右侧摆放黄油刀，刀口朝左。黄油盘摆放在黄油刀刀尖上方 3 厘米处 |
| 5 | 摆玻璃杯具 | 冰水杯摆放在主餐刀顶端，依次向右摆放红葡萄酒杯、白葡萄酒杯，三杯成斜直线，与水平线成 45 度角；如果有第四种杯子，则摆在前述白葡萄酒杯的位置，白葡萄酒杯顺次向后移动，杯子依然成斜直线，各杯相距 1.5 厘米 |
| 6 | 摆餐巾花 | 将叠好的餐巾花摆放在餐盘正中，主人位应放置较高的餐巾花，另外注意样式搭配 |
| 7 | 其他 | 盐瓶、胡椒瓶、牙签筒按四人一套的标准摆放在餐台中线上。每桌最少摆放两份菜单，高级宴会上可每座摆放一份。插花或烛台等装饰品摆放在餐台中线上 |

西餐宴会摆台示意如图 1-16 所示。

图 1-16　西餐宴会摆台示意

17

（5）摆台后的检查工作

摆台结束后要进行全面检查，发现问题要及时纠正，要达到全台看上去整齐、大方、舒适的效果。

## 细节04：用餐设施检查

### （一）备餐柜台面检查

备餐柜上要备好茶壶、暖壶、酱油瓶、醋瓶、托盘。茶壶内要放适量的茶叶和水，茶叶要泡开。保证暖壶内有 90℃以上烧开过的水，暖壶外表干净、无水珠。酱油瓶内酱油充足，醋瓶内醋充足，均无异味。托盘按标准数量配备，干净，无水渍、油渍。

### （二）备餐柜内物品检查

检查备餐柜内餐具是否足够、齐全，如骨碟、汤碗、瓷勺、筷子、茶杯、茶碟、玻璃器皿等是否足够、齐全，餐巾、抹布、喷壶、油笔、开瓶器、打火机、点菜单等服务用品是否齐全，电器等设施是否可以正常工作。保证毛巾的数量足够、温度适宜。

一般备餐柜内餐具数量应该是所管辖区域所需餐具数量的 3 至 4 倍。备餐柜餐具存放规则如图 1-17 所示。

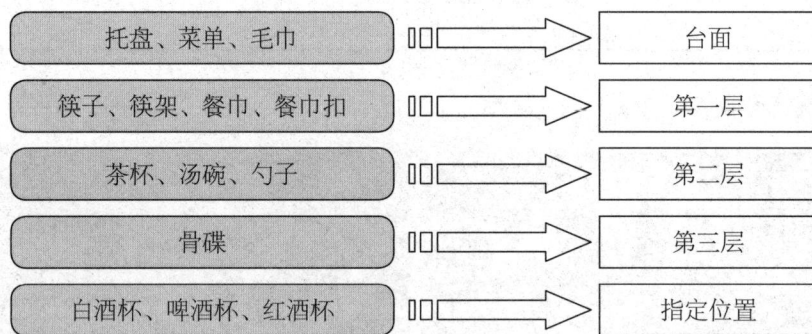

| | | |
|---|---|---|
| 托盘、菜单、毛巾 | → | 台面 |
| 筷子、筷架、餐巾、餐巾扣 | → | 第一层 |
| 茶杯、汤碗、勺子 | → | 第二层 |
| 骨碟 | → | 第三层 |
| 白酒杯、啤酒杯、红酒杯 | → | 指定位置 |

图 1-17　备餐柜餐具存放规则

### （三）餐厅安全检查

服务员要检查所负责区域的灶具是否有漏气现象（如火锅餐厅等），桌椅板凳是否完好无损，消防设施是否可以正常使用。

某餐厅开餐前消防设施检查如图 1-18 所示。

图 1-18　开餐前消防设施检查

## （四）其他设施检查

检查其他设施主要是为了保证餐厅公共设施的正常运转，主要包括检查空调、排风扇、灯光、电视机等。如使用计算机点菜系统，必须对各区域计算机的电源、打印机等进行测试。另外，还应检查收银系统是否能正常运行，收银工具是否齐备。

## 细节05：召开餐前例会

餐前例会是在每天提供用餐服务之前由餐厅经理、主管或领班等基层管理者主持召开的，由全部当班员工参加的例行性工作会议（见图 1-19）。完善的餐前例会可为更好地提供餐中服务打下良好的基础。召开餐前例会是餐厅基层管理者的一种管理手段。

图 1-19　餐前例会

## （一）餐前例会的主要内容

餐前例会的主要内容如图 1-20 所示。

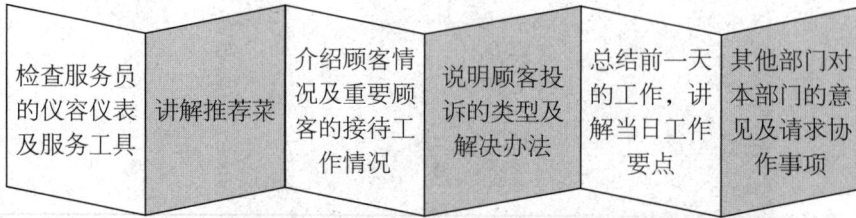

图 1-20  餐前例会的主要内容

## （二）开好餐前例会的要点

要想开好每天的餐前例会，会议主持者应把握如图 1-21 所示的要点。

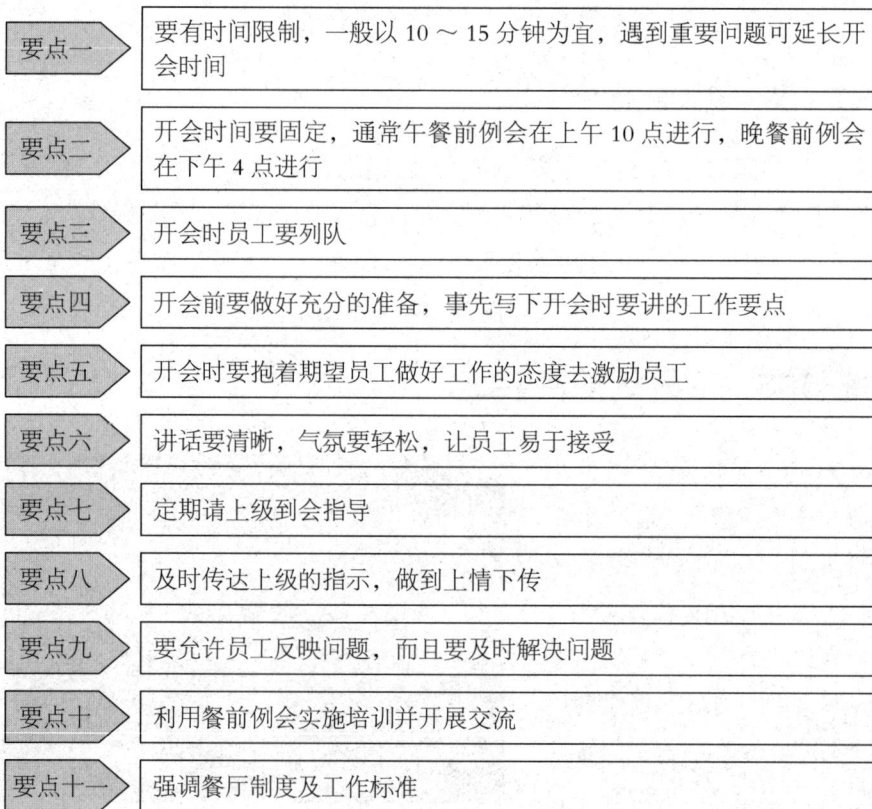

| | |
|---|---|
| 要点一 | 要有时间限制，一般以 10 ～ 15 分钟为宜，遇到重要问题可延长开会时间 |
| 要点二 | 开会时间要固定，通常午餐前例会在上午 10 点进行，晚餐前例会在下午 4 点进行 |
| 要点三 | 开会时员工要列队 |
| 要点四 | 开会前要做好充分的准备，事先写下开会时要讲的工作要点 |
| 要点五 | 开会时要抱着期望员工做好工作的态度去激励员工 |
| 要点六 | 讲话要清晰，气氛要轻松，让员工易于接受 |
| 要点七 | 定期请上级到会指导 |
| 要点八 | 及时传达上级的指示，做到上情下传 |
| 要点九 | 要允许员工反映问题，而且要及时解决问题 |
| 要点十 | 利用餐前例会实施培训并开展交流 |
| 要点十一 | 强调餐厅制度及工作标准 |

图 1-21  开好餐前例会的要点

## 案例解析

### 开会时走神，服务中着急

在下午的餐前例会上，主管照例向大家介绍当晚的用餐情况，特别强调了晚上将有一个高规格的宴会安排在多功能厅，要求当班人员尽心尽力、细致服务，做到万无一失。主管在会上还强调了一个细节，晚宴开始的茶点中配餐饮品为豆浆，但其中一位女宾要求换为酸奶。服务员小黄认为自己是老员工了，这样的接待不知参与了多少次，各种细节早已烂熟于心，所以会上走神了，没有将主管强调的事情放在心上，散会后就直接去工作了。晚宴开始后，上茶点时，小黄端着豆浆和酸奶走入宴会厅，一看在座的有三位女宾，不知道这杯酸奶该给哪位，于是她端着饮品在原地打转，十分焦急。

【解析】

餐前例会并非可有可无、可听可不听，即使是老员工，也不能掉以轻心。餐前例会的内容大多与当日工作有关，每一位员工都应重视，尤其是要牢记具体工作的要求、工作的程序和注意事项，这样才能避免在工作中出现差错。

上述案例中，服务员小黄要是仔细听了主管的介绍，当即向主管确认宴会中有几位女宾，哪一位女宾要求将豆浆换为酸奶，提早做好准备，就不会在服务过程中焦急得原地打转了。

# 环节 2　预订服务

餐位预订是指在顾客就餐前预先保留餐厅座位，包括保留餐位的数量及时间。接受预订是对订餐顾客的一种承诺，餐厅应该在约定时间为顾客保留餐位。

餐位预订主要有图 2-1 所示的几种情形。

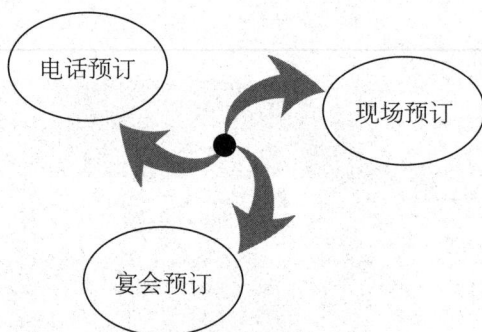

**图 2-1　餐位预订服务的主要情形**

## 细节06：电话预订

电话预订的流程如图 2-2 所示。

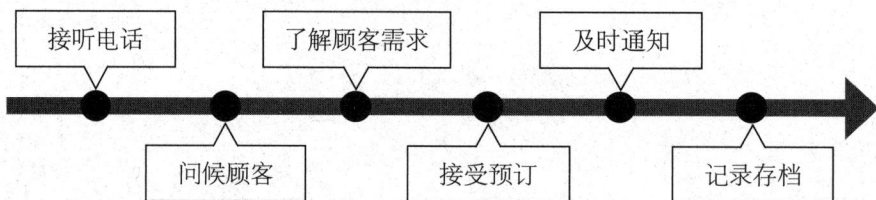

**图 2-2　电话预订的流程**

### （一）接听电话与问候顾客

（1）电话铃响三声之内应接起电话。

（2）主动向顾客问好，并准确报出餐厅名称及自己的姓名。

比如："您好，××餐厅，我是服务员小×。"

（3）表示愿意为顾客提供服务。

比如："有什么可以帮您的吗？""很高兴为您服务！"

## （二）了解顾客需求

（1）对于报出姓名的顾客，应称呼其姓。

比如："欢迎您，×先生！"（以示对顾客的尊重）

（2）仔细听顾客介绍，了解顾客的身份、用餐时间、宴请对象、人数、桌数及其他要求。

比如："请问您贵姓？"（顾客说出姓氏后，再询问其他事宜）

"请问一共有几位就餐？"（当顾客直接说要预订包间时）

"请问您大概什么时候需要用包间？"（当顾客未说明用包间的时间时）

（3）大型宴会预订，要请顾客面谈。

## （三）接受预订

（1）复述预订内容，并请顾客确认。

（2）请顾客留下电话号码和姓名。

比如："请问您方便留一下您的联系方式吗？"（一定要想办法留下顾客的电话号码）

（3）根据来宾总人数，征得顾客同意后为其安排相应的包间或餐台，并告知顾客包间号或台号。

比如："×先生/小姐，您预订的包间号是×××。"

（4）告知顾客所订餐位的保留期限。

比如："我们会把包间给您留到晚上××点，如果您没来，预订就自动取消了。"（必须提醒顾客）

（5）向顾客致谢并道别，等对方挂电话。

比如："感谢您的预订！"

"期待您的光临！再见！"

## （四）及时通知

（1）填写预订单，如表2-1所示。

表 2-1　预订单

___年__月__日

| 包间号／台号 | 午餐 | | | | 晚餐 | | | |
|---|---|---|---|---|---|---|---|---|
| | 姓名 | 用餐时间 | 用餐人数 | 特殊要求 | 姓名 | 用餐时间 | 用餐人数 | 特殊要求 |
| 包间 1 | | | | | | | | |
| 包间 2 | | | | | | | | |
| …… | | | | | | | | |
| 1 号台 | | | | | | | | |
| 2 号台 | | | | | | | | |
| …… | | | | | | | | |
| 备注 | | | | | | | | |

（2）确定预订的菜单，立即通知店长、厨师长、采购部门相关人员。

（3）有特殊要求的预订，要及时通知领班和厨师长。

## （五）记录存档

（1）将预订内容记录在预订登记本上。

（2）将预订登记本保存好，并及时存档。

录入预订信息，如图 2-3 所示。

图 2-3　录入预订信息

## 细节07：现场预订

现场预订的流程如图 2-4 所示。

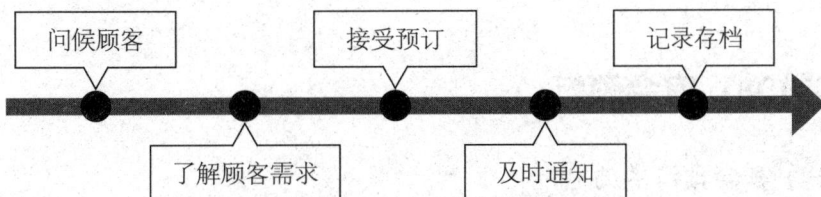

图 2-4　现场预订的流程

### （一）问候顾客

（1）见到顾客进入餐厅，礼貌地问候顾客，问明来意，将顾客引领至订餐处。

（2）主动向顾客介绍自己，并表示为顾客服务的意愿。

### （二）了解顾客需求

（1）礼貌地询问顾客的姓名、用餐时间、宴请对象及人数、桌数及其他要求。

比如："先生，请问一共几位？"

（2）征得顾客同意后为其安排相应的包间或餐台，告知顾客包间号或台号。

比如："先生，您看 ×× 房可以吗？"

### （三）接受预订

（1）向顾客复述预订的内容，并请顾客确认。

比如："× 先生，您明晚预订一桌，共 × 人，定在 ×× 房，对吧？"

（2）确认顾客的电话号码和姓名。

（3）告知顾客预订餐位的保留期限。

（4）向顾客致谢并道别。

### （四）及时通知

（1）填写预订单。

（2）确定预订的菜单，立即上报店长，以便其做好安排。

（3）有特殊要求的预订，要及时通知领班和厨师长。

27

（五）记录存档

（1）将预订内容记录在预订登记本上。

（2）将预订登记本保存好，并及时存档。


# 细节08：宴会预订

## （一）宴会预订的方式

宴会预订的方式是指顾客与预订人员接洽、沟通宴会预订信息的方式。一般来说，宴会预订的方式如表2-2所示。

表2-2　宴会预订的方式

| 预订方式 | 具体说明 |
| --- | --- |
| 电话 | 电话是餐厅与顾客联络的主要方式。电话预订主要用于小型宴会预订，预订人员接受顾客询问，向顾客介绍宴会有关事宜，明确地点和日期，核实细节，确定具体事宜。对于大型宴会预订，在面谈前顾客可通过电话约定会面的时间、地点等 |
| 面谈 | 面谈是宴会预订的常用方法之一。预订人员与顾客当面洽谈所有的细节，满足顾客提出的特殊要求，讲明汇款方式等。在进行面谈时，预订人员要详细填写宴会预订单并记录联络方式，以便与顾客联络。在面谈的过程中，预订人员必须备妥足够的资料供顾客参考，如场地图、餐饮收费标准、客容量、租金、饮料价目表及器材租借表等。接受咨询时，预订人员要让顾客了解场地大小和形状，即使顾客已亲临现场，预订人员仍需准备场地图，为其解说 |
| 信函 | 信函是餐厅与顾客联络的一种方式，主要用于促销活动，回复顾客询问，寄送确认信，适用于提前较长时间的预订。收到顾客的询问信时，应立即回复顾客询问的事项，并附上门店场所、设施介绍和相关的建设性意见、建议菜单等。事后要与顾客保持联络，争取顾客在本店举办宴会活动。此后，可通过电话或面谈等方式与顾客达成协议 |
| 登门拜访 | 登门拜访是餐厅重要的推销手段之一。推销员登门拜访顾客，一方面主动向顾客介绍情况，另一方面为其提供宴会预订服务。这样，既宣传并推销了门店产品，达到了提高知名度、促进销售的目的，又可以为顾客提供方便 |

（续表）

| 预订方式 | 具体说明 |
|---|---|
| 中介人或代表人 | 中介人一般指专业中介公司。专业中介公司可与餐厅签订常年合同代为预订并收取一定的佣金。代表人一般指餐厅员工。顾客有时会委托餐厅员工代为预订 |
| 指令 | 某些部门在业务往来中安排宴请活动而直接向直属宾馆、饭店宴会部发出预订指令的一种预订方式 |

### （二）宴会预订的流程

宴会预订的流程如图 2-5 所示。

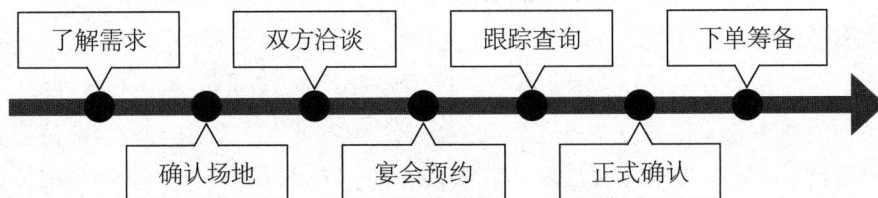

图 2-5　宴会预订的流程

1. 了解需求

预订人员要了解有关宴会的各种信息，包括以下几个方面。

（1）赴宴顾客总人数。

（2）宴会规格。

（3）顾客风俗习惯。

（4）顾客生活忌讳。

（5）顾客特殊需求。

（6）如果是外宾，还应了解其国籍、宗教信仰、禁忌和口味特点等。

对于规格较高的宴会，预订人员还应了解以下事项。

（1）宴会的目的和性质。

（2）宴会的正式名称。

（3）顾客的年龄和性别。

（4）有无席次表、座位卡、席卡。

（5）有无音乐或文艺表演。

（6）有无司机费用等。

（7）主办者的指示、要求、想法。

2. 确认场地

查看预订单，确认当日是否有场地，告知顾客餐厅的收费标准及免费项目，询问顾客是否能接受。如果能接受，对于电话预订的顾客，与其约时间看场地；对于现场预订的顾客，直接带其看场地，介绍场地情况。

3. 双方洽谈

与顾客洽谈具体事项，包括宴会性质（如婚宴、满月宴、升学宴等）、宴会时间、宴会人数、台型、场地布置、舞台、音响等设施设备。如顾客所需设备为收费物品，须告之其收费标准。

为了迅速准确地回答顾客的询问，预订人员在接受顾客询问前，必须根据实际需要，编制一套预订时供顾客询问、比较、选择用的书面资料，如宴会厅平面图、宴会厅规模、宴会标准收费表、宴会厅容量表、宴会厅租金价目表、宴会菜品及饮料价目表等。上述书面资料应图文并茂、简明完整、色彩艳丽，具备观赏性。

在接受顾客咨询的过程中，餐厅必须出具一套标准的餐饮收费表，详列宴会厅中所有西餐、中餐、自助餐或鸡尾酒会等各类宴会活动的起价表。每一张起价表都需注明有效期限，以便及时根据市场行情与成本变动调整、更新。

诸如此类的宴会资料，餐厅都应事先准备妥当以供顾客参考，如果顾客无法来门店面谈，也应以其他方式将资料传给顾客，使其充分了解场地情况、场租定价、餐饮费用等细目。

4. 宴会预约

在宴会预约阶段，顾客有意预约宴会，但尚未做出决定，这就是暂时性确认的宴会预订。暂时性确认的宴会预订包括图2-6所示的几种情形。

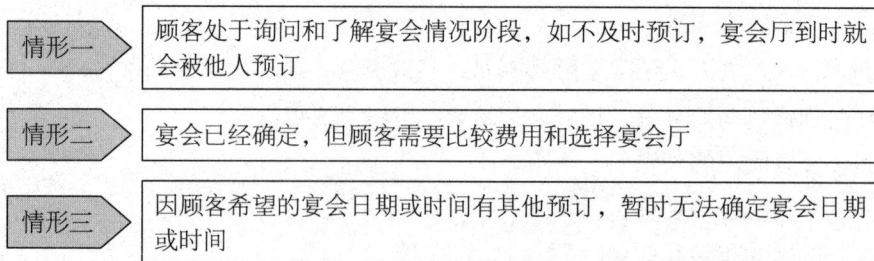

| 情形一 | 顾客处于询问和了解宴会情况阶段，如不及时预订，宴会厅到时就会被他人预订 |
| 情形二 | 宴会已经确定，但顾客需要比较费用和选择宴会厅 |
| 情形三 | 因顾客希望的宴会日期或时间有其他预订，暂时无法确定宴会日期或时间 |

图2-6　暂时性确认的宴会预订情形

无论是哪种情况，预定人员都有责任帮助顾客排除不利因素的干扰，尽快做出决定。如此时餐厅因特殊原因无法满足顾客的要求，预订人员应向顾客解释或为顾客推荐其他餐厅。

宴会预约阶段的工作主要是填写宴会预订单和宴会安排日记本。宴会预订单和宴会安排日记本一般由门店经理指定预订人员用铅笔登记，不能用圆珠笔或钢笔登记，以便随时根据顾客需求加以更改。

（1）填写宴会预订单。其内容通常如下。

① 宴会预订人姓名。

② 宴会主办单位名称、地址、电话号码、传真号码。

③ 宴会名称和宴会类型（如庆祝宴会、招待宴会、表彰宴会或其他商业宴会）。

④ 宴会日期及计划安排的宴会厅名称。

⑤ 出席人数和最低桌数。

⑥ 结账方式（如现金、信用卡、支票）。

⑦ 预收定金。

⑧ 宴会各项费用开支和总额。

⑨ 宴会厅的布置要求。

⑩ 宴会菜单及酒水要求。

⑪ 预订日期、承办人姓名。

⑫ 宴会预订单编号。

表 2-3 是某餐厅的大型宴会预订单。

表 2-3　大型宴会预订单

编号：

| 宴会日期 | | 预订人姓名 | |
|---|---|---|---|
| 地址 | | 传真号码／电话号码 | |
| 单位名称 | | 宴会厅名称 | |
| 宴会名称 | | 宴会类型 | |
| 预计人数 | | 最低桌数 | |
| 宴会费用 | | 食品人均费用 | |
| | | 酒水人均费用 | |
| 具体要求 | 宴会菜单 | | 酒水 |

（续表）

| 具体要求 | 宴会布置 | 台型 | |
|---|---|---|---|
| | | 主桌型 | |
| | | 场地 | |
| | | 设备 | |

| 确认签字 | | 结账方式 | | 预收定金 | |
|---|---|---|---|---|---|
| 处理 | | | | 承办人 | |

（2）填写宴会安排日记本。宴会安排日记本是餐厅根据宴会活动设计的，其作用是记录预订情况，供预订人员在受理预订时查核。预订人员首先要问清顾客宴会日期、时间、人数、形式等，然后从日记本上查明各宴会厅的状况，最后在日记本上填写有关事宜。宴会安排日记本在营业时间内必须始终摆在预订工作台上，营业结束后必须保存好。

一般来说，宴会安排日记本应一日一页，主要内容如下。

① 宴会日期。

② 宴会名称及顾客的电话号码。

③ 宴会类型。

④ 出席人数和宴会厅名称。

⑤ 预订是否已确认，是否为暂时性确认的宴会预订。

表 2-4 是某餐厅的宴会安排日记本单页。

**表 2-4　宴会安排日记本单页**

预订人员：　　　　　　　　　　　　　　　　　　　　　日期：

| 宴会厅 A | 宴会厅 B | 宴会厅 C |
|---|---|---|
| **早：**<br>宴会名称：____　人数：____<br>时　　间：____　时至：____<br>联 系 人：____　电话：____<br>单位名称：____　收费：____ | **早：**<br>宴会名称：____　人数：____<br>时　　间：____　时至：____<br>联 系 人：____　电话：____<br>单位名称：____　收费：____ | **早：**<br>宴会名称：____　人数：____<br>时　　间：____　时至：____<br>联 系 人：____　电话：____<br>单位名称：____　收费：____ |

（续表）

| 宴会厅 A | 宴会厅 B | 宴会厅 C |
|---|---|---|
| **中：**<br>宴会名称：＿＿ 人数：＿＿<br>时　　间：＿＿时至：＿＿<br>联 系 人：＿＿电话：＿＿<br>单位名称：＿＿收费：＿＿ | **中：**<br>宴会名称：＿＿ 人数：＿＿<br>时　　间：＿＿时至：＿＿<br>联 系 人：＿＿电话：＿＿<br>单位名称：＿＿收费：＿＿ | **中：**<br>宴会名称：＿＿ 人数：＿＿<br>时　　间：＿＿时至：＿＿<br>联 系 人：＿＿电话：＿＿<br>单位名称：＿＿收费：＿＿ |
| **晚：**<br>宴会名称：＿＿ 人数：＿＿<br>时　　间：＿＿时至：＿＿<br>联 系 人：＿＿电话：＿＿<br>单位名称：＿＿收费：＿＿ | **晚：**<br>宴会名称：＿＿ 人数：＿＿<br>时　　间：＿＿时至：＿＿<br>联 系 人：＿＿电话：＿＿<br>单位名称：＿＿收费：＿＿ | **晚：**<br>宴会名称：＿＿ 人数：＿＿<br>时　　间：＿＿时至：＿＿<br>联 系 人：＿＿电话：＿＿<br>单位名称：＿＿收费：＿＿ |

说明：（1）该表适用于数个宴会厅可以打通为一个厅举办大型宴会的餐厅，如果需要打通使用 A、B 两个厅，那么在图上用双头箭号"←→"连接 A 与 B，以便安排；（2）暂时性确定的宴会预订用铅笔填写，确定后改用红笔填写。

5. 跟踪查询

如果是提前较长时间的预订，预订人员应进行密切的跟踪查询，主动与顾客保持联系，直到顾客正式确定为止。大多数顾客在正式确定预订前，可能还会研究其他餐厅的宴会菜单、价格、场地、环境等，因此预订人员一定要详细记录每次与顾客洽谈的结果并存档备查，还要正确无误地将资料转达给其他相关人员，这样才能确保宴会预订成功。

6. 正式确认

在填写完宴会预订单后，如果得到了主办单位或个人的确认，即为确定性宴会预订。此时，除了要在宴会安排日记本上用红笔标明确认外，还应填写宴会确认书并送交顾客，双方还应签订宴会预订合同书，收取宴会定金。

（1）填写宴会确认书。可摘录宴会预订单上有关项目，内容一般如下。

① 宴会名称。

② 宴会起止时间。

③ 宴会厅名称。

④ 宴会人数、宴会预算及其他。

图 2-7 是某餐厅的宴会确认书。

×先生：

　　承蒙惠顾，不胜感谢。

　　所订宴会正在按下列预订要求认真准备，如有不妥之处或新的要求，请随时提出，我们将竭诚为您服务。

　　　　　　　　　　　　　　　　　　　　××餐厅　餐厅经理：×××

一、宴会名称：_____　联系电话：_____

二、宴会起止时间：____年__月__日（星期__）__时__分至__时__分

三、宴会人数：

四、宴会形式：

五、宴会预算：

六、宴会厅名称：

七、其他：

图 2-7　宴会确认书

（2）签订宴会预订合同书。虽然在预约时预订人员已经记下顾客所有的要求，但是顾客日后可能会改变主意。所以，预订人员必须将双方确认的事项记录在合同书上并请顾客签字，以保障顾客与餐厅的权利。

**小提示**　　如果顾客没时间亲自到餐厅签约，预订人员可以通过传真或邮寄的方式将文件送交顾客签字，签妥后由顾客传真或邮寄回餐厅，以示慎重。为了确保餐厅的正常运营，与顾客签订合同是不可忽略的步骤之一。

图 2-8 是某餐厅的宴会预订合同书。

甲方：

甲方代表：_____　　电话号码：_____

乙方：

预 订 人：_____　　电话号码：_____

经甲、乙双方就宴会地点实地勘察及双方协商，约定如下，共同遵守。

一、宴会内容

宴会名称：_____

宴会标准：折后_____元/桌（不含税金）

宴会日期及时间：____年__月__日（□午　□晚）

宴会地点：_____

（续）

茶坊地点：_____

茶坊时间：_____

茶坊费用：_____元

宴会需提前 15 天确定桌数和餐标。如提前 15 天确定了桌数和餐标，乙方需更改桌数，需提前 7 天告知甲方，未在 7 天前告知甲方更改桌数的，一律不予变动桌数，按此前协议桌数执行。甲方和乙方提前 15 天确定了餐标以后，一律不能更改餐标。

菜单内容：（附后，甲、乙双方签字确认）。

预订宴会席位及人数：确保不少于____桌，备____桌，如未达到确保桌数的，须按照确保桌数支付费用，备桌凉菜按用餐标准的 20% 收取费用，并在当日内消费完毕。

其他优惠项目：_____

_____

二、定金

1. 乙方自愿交付本次宴会场地的定金人民币_____元整（大写：_____），并在宴会举办之日前 10 天核定预定标准菜单。

2. 甲、乙双方认可：此定金为双方履行协议的基础保障，协议签署时即支付定金；未支付定金，协议不生效。

3. 若乙方单方面取消宴会场地或违反本协议约定，此定金概不退还，作为甲方履约损失的补偿。

4. 此定金可用于冲减本次宴会同额度的宴会费用。

5. 如乙方遗失定金收据，乙方应书面说明并附乙方身份证复印件，甲方确认后 1 个月方能办理退款。

三、结算方式

1. 宴会正餐结束后即结清此协议全部费用，包括餐后的茶坊包场费用，有次场用餐的另行结算。

2. 若当日未能结清费用，乙方应按每天 3‰ 向甲方支付延迟付款滞纳金（此条规定适用于现金消费）。

3. 本协议中有效的支付方式为：现金结算。

4. 特别约定：甲方另发行的会员卡、储值卡或消费卡等，按相关使用规则，不得用于此协议的支付。

四、宴会的变更

上述宴会场地及宴会日期未经甲方同意不得擅自变更。

乙方如需改日期或场地，须提前征得甲方书面同意，若甲方无法满足乙方更改要求，则不予更改。乙方确定更改后的日期应与原定日期相距不超过 1 个月。

五、违约责任。

1. 若因乙方原因取消宴会或违反本协议约定，定金不予退还，也不得用于抵扣在甲方的其他任何消费。

2. 如遇不可抗力之事件或政府行为征用此场地，甲方可视实际情况协助乙方安排其

（续）

他场地；因受场地限制而必须取消宴会的，甲方只退还已收定金，不承担任何其他责任。

六、其他

1.市消防局规定，为确保大型宴会宾客的人身安全，公共场所及厅房内严禁使用明火，禁放礼炮、纸花及冷烟花等易燃易爆危险品，只允许撒花瓣。

2.根据国家相关规定，宴席酒水必须留样，如因乙方自带酒水、饮品的质量造成事故，由乙方自行承担责任。

3.对于乙方自带的酒水，乙方需派专人管理，甲方提供酒水存放区，负责摆放酒水，若在宴席过程中产生酒水遗失，甲方概不负责。

4.如乙方原因造成甲方财物损坏、严重影响他人、发生安全事故等不良后果，由乙方负全部责任并作出相应补偿和赔偿。

5.场内禁止食用瓜子、花生等有壳食品，乙方应遵守并有义务告知赴宴顾客。若有违约情况，乙方同意支付500元的专项费用，作为甲方额外劳动的报酬。

6.乙方或其委托人如果需要布置宴会场地（包括至场地途中的各项布置），应提前48小时与甲方确认并获得许可，包括但不限于位置、范围、项目、布置方式、布置工作的入场和撤场时间。

若因乙方或其委托人的布场工作不当导致甲方设备损坏、遗失等，由乙方负责赔偿。

7.乙方若有特殊需求（如电源安装），应提前通知甲方，以便甲方提供协助。

七、甲、乙双方共同履行此协议，若有争议，应友好协商，或提交××市仲裁委员会仲裁。

八、本协议壹式贰份，甲、乙双方各执壹份。双方签字（签章）且乙方支付定金后生效。

九、此协议解释权归××大酒店所有。

甲方签署/签章：＿＿＿＿＿＿＿　　　乙方签署/签章：＿＿＿＿＿＿＿

日期：＿＿＿＿＿＿＿＿＿　　　　日期：＿＿＿＿＿＿＿＿＿

附件：菜单（略）

**图2-8　宴会预订合同书**

当然，不同的餐厅可根据当地情况制定适当的合同。另外，餐厅与顾客之间如果有其他约定，可附于合同背面。宴会菜单应与合同装订在一起。顾客如需更改事项，也应体现在合同上，且必须经顾客签字确认。

7.下单筹备

宴会正式确定后，预订人员应对内发布一份宴会通知单，告知各个部门在该宴会中负责执行的工作。

表 2-5 是某餐厅的宴会通知单。

表 2-5　宴会通知单

| 发文日期：20××年9月23日 | | | | | | 编号：No.A0008 | |
|---|---|---|---|---|---|---|---|
| 宴会日期：20××年10月1日　星期日 | | | | | | 定金：×××元 | 收据单号： |
| 宴会名称：×××宴会 | | | | | | 付款人：××× | 接洽人： |
| 联络人：×××先生　　电话号码：××××××× 客户名称：_____　　传真号码：××××××× | | | | | | 付款方式：付现金 | |
| 时间 | 类型 | 地点 | 保证数 | 预估数 | 海报内容 | 冰雕 | |
| 17：00— 20：00 | 结婚 喜宴 | 国际宴 会厅 | 100桌 | 110桌 | ××× 喜宴 | 赠厅口喜宴冰雕一座 | |
| 西餐厨房 | 准备婚宴仪式用三层蛋糕 | | | | 宴会 服务部 | 宴会现场摆设： （1）9月30日22：00后，花商 进场布置 （2）舞台中央置西式行礼台，右 方置司仪台和话筒，左方置蛋糕 桌和香槟台 （3）主桌1桌24位，设银器及 椅套 （4）10月1日16：00，工作人 员于百花厅开讨论会 （5）顾客自备喜糖 （6）附场地布置图 | |
| 中餐厨房 | 准备宴会菜品，菜单如下： 果律大龙虾　八味美佳碟 八珍烩鱼头　夏果炒鲜贝 红烩大刺参　吉祥照双辉 游龙一线天　鲍鱼扒津白 万佛跳金墙　精致花品点 巴参炖雪蛤　四季鲜水果 说明： （1）每桌800元，外加10%的 服务费 （2）10月1日18：10准时出菜 | | | | | | |
| 酒吧 | 准备酒水 | | | | 客房部 | 提供豪华套房一间，10月1日入 住，10月2日退房 | |
| 保安部 | （1）9月30日20：00后，协助 花商进场布置 （2）顾客要求当日饭店派人员至 会场保护礼金 （3）当日顾客众多，需派人员疏 导人流 | | | | 工程部 | （1）礼台话筒1支，司仪台话筒 2支 （2）准备各环节播放的音乐 | |
| 花房 | | | | | 器材收费 | | |
| 预订 业务员 | | | | | 宴会经理 | | |
| 发送部门 | □总经理　　□餐饮部　　□宴会服务部　　□财务部　　□工程部 □客房部　　□西餐厨房　□中餐厨房　　　□管事部　　□餐厅部 □保安部　　□采购部　　□花房　　　　　□美工冰雕　□其他 | | | | | | |

成功地举办一场宴会需要各个部门通力合作，因此宴会通知单要清清楚楚地将所有工作事项列出来。宴会通知单也可称为这些工作部门的"工作订单"。宴会通知单的内容包括宴会预订合同书中的主要内容，以及各部门所需准备的物品和相关事项，如宴会时间、接洽人、桌数、菜单、特殊要求等。各部门接到宴会通知单后，必须按照通知单上的要求执行工作，工作内容大致如下。

（1）根据宴会通知单上所记载的菜单，准备所需的器皿及厨房装菜用的器皿，并安排工作人员备餐。

（2）依据宴会通知单上的要求，派遣电工架设装备或提供支持。

（3）依据宴会通知单上的菜单进货，并做好宴会前的准备工作。

（4）依据宴会通知单上的需求和设计图进行摆设，并做好宴会前的准备工作，包括安排人手、制订工作计划及服务流程等。

（5）按照顾客需要准备酒水饮料。

（6）按照顾客要求，指派保安人员至礼金台协助保护礼金，并协助维护宴会进场和散场秩序。

（7）帮助顾客制作海报。

> **小提示**
>
> 　　宴会通知单可用于指导各部门之间的沟通，是连接顾客要求与各部门工作的桥梁，有利于确保部门间快速、直接地传达信息，最大限度地提高工作效率。

### （三）宴会预订的变更与取消

#### 1. 宴会预订的变更

由于很多宴会在数个月前便已预订，难免会发生变更。

*比如，客户有时候会对宴会细节稍做修改，如增减参加人数、改变桌型等，餐厅方面有时也会发生变更。*

为适应这种临时变更，预订人员应当在宴会举办前一周，再与顾客确认宴会相关事项，将发生错误的可能性降至最低。在以电话或传真方式与顾客确认后，如果没有需要变更的事项，一切准备工作即可依照宴会通知单进行；如果顾客对宴会提出变更，预订人员必须马上发送宴会变更单给相关部门。预订人员要在宴会变更单上详细记载宴会原方案及变更项目，清楚地告知相关部门必须修改的工作项目。各部门依照变更内容调整工作，合力满足顾客的要求。

宴会更改程序一般如下。

（1）顾客通过电话或面谈等形式提出对已预订的宴会进行更改。

（2）预订人员详细了解更改项目及更改原因，尽量满足顾客的要求。

（3）预订人员认真记录更改内容，并向顾客说明有关更改的处理原则。

（4）预订人员尽快将处理方案传递给顾客，并获得顾客的确认。

（5）预订人员认真填写表 2-6 所示的宴会更改通知单，并迅速送至有关部门，请接收者签字。

表 2-6　宴会更改通知单

| 发文日期：_____ | | 宴会预订单编号：_____ | | |
| 宴会名称：_____ | | 场　地：_____ | | |
| 宴会日期：_____ | | 联络人：_____ | | |
| 变更项目 | 原计划 | | 变更为 | |
| 日　期 | _____ | | _____ | |
| 时　间 | _____ | | _____ | |
| 人数 / 桌数 | _____ | | _____ | |
| …… | …… | | …… | |
| 【新菜单附后】 | | | | |
| □其他变更项目 _____ <br> □增加项目 _____ | | | | |
| 发送部门 | □总经理　□餐饮部 <br> □业务部　□客房部 <br> □保安部　□采购部 | □宴会服务部 <br> □西餐厨房 <br> □花房 | □财务部 <br> □中餐厨房 <br> □美工冰雕 | □工程部 <br> □餐厅部 <br> □其他 |

（6）记录更改原因及处理方法并存档，向餐厅经理汇报，采取跟踪措施，以争取客源。

（7）检查更改内容的落实情况和更改后费用收取情况等。

2. 宴会预订的取消

由于某些原因，预订的宴会除发生变更外，也可能被取消。如顾客要求取消宴会预订，预订人员应立即做好如下工作。

（1）接受顾客取消预订时，应尽量问清楚取消预订的原因，尽量挽留顾客，这对改进今后的宴会推销工作是非常有帮助的。

（2）在该宴会预订单上盖"取消"印，并记下取消预订的日期，取消人的姓名及接受取消的预订人员的姓名，然后将该宴会预订单放到规定的地方，并及时通知有关部门。

（3）如果是取消大型宴会的预订，应立即向餐厅经理报告。餐厅经理应向顾客表示遗憾，说明希望以后有机会为其服务。

环节 3　迎宾领位

迎宾领位是餐厅正式销售餐饮产品的开始。迎宾是指迎宾员在餐厅门口迎接顾客；领位是迎宾的延续，是指迎宾员将顾客带到合适的位置就座。迎宾领位管理是餐厅服务管理的重要环节。

迎宾领位的流程如图3-1所示。

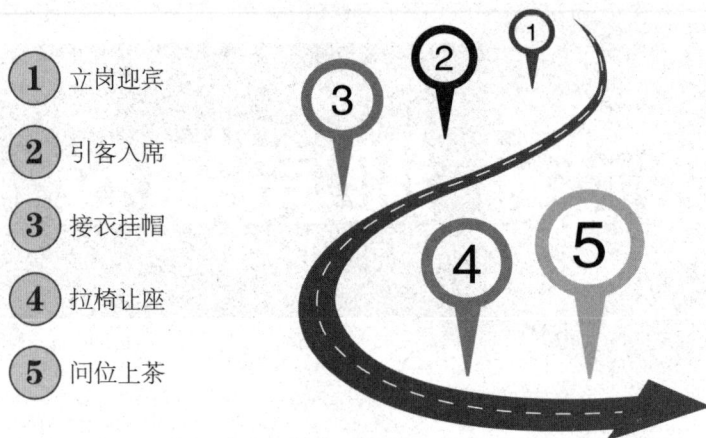

1 立岗迎宾
2 引客入席
3 接衣挂帽
4 拉椅让座
5 问位上茶

图3-1 迎宾领位的流程

## 细节09：立岗迎宾

立岗迎宾能展示一家餐厅的精神面貌，迎宾的工作好坏能够影响整个餐厅的气氛。

### （一）迎宾礼仪

（1）迎宾员在指定位置站立，抬头、目视前方，挺胸直腰，肩平，双臂自然下垂，收腹，双腿并拢，脚尖呈"V"字形，身体重心放到两脚中间，右手搭在左手上，左手拇指放在右手拇指关节上（见图3-2）。

（2）有顾客来，迎宾员应面带微笑，在距离顾客2米左右时向其打招呼，音量适中，以臀为轴，鞠躬45度，同时说："中午（晚上）好，欢迎光临，里面请！"

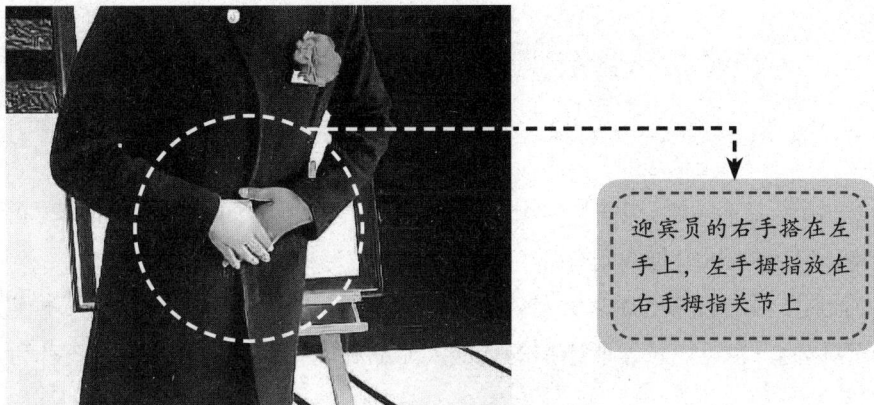

迎宾员的右手搭在左手上，左手拇指放在右手拇指关节上

图 3-2　迎宾员手的摆放

（3）引领顾客时，走在顾客左前方 1 ～ 2 米处。拐弯处用手示意，上臂与身体成 45 度角，小臂与地面平行，掌心向外上方 45 度，手指并拢，拇指向内弯曲，指向前方位置。

## （二）迎宾流程

### 1. 打招呼

顾客一出现，迎宾员应面带微笑地主动迎宾并注视顾客的眼睛，微微点头表示敬意，友善地与其打招呼，如"早上好""中午好""晚上好"。音量适中，避免顾客产生反感，使顾客的用餐有一个美好的开始。

**小提示**　　最好能记住顾客的姓名与头衔，如果能在一见面时，就称呼顾客的姓名与头衔，会有意想不到的效果。如果不知道顾客的头衔，可在姓的后面加上"先生"或"女士"。

### 2. 询问顾客

（1）迎宾员需先询问顾客是否有订席，如果有，则根据订席簿上预先安排好的座位，亲自或交由其他迎宾员引导顾客入席，引导前先询问顾客是否对所安排的餐桌有意见。如果顾客没有订席，则需询问共有几位顾客用餐，以便寻找合适的餐桌。

小提示

如果迎宾员兼做领位的工作，就须安排人补位，以免让后来的顾客等候。

（2）用餐者不一定会同时到达，不能以眼见的人数为安排座位的依据，因此，即使来客只有一人，也应询问有几位用餐。

（3）对于没有订席的顾客，最好请教其姓名并记录在订席簿内，这样不但方便服务员尊称他，也可使顾客所邀请的其他人能顺利地找到其所在位置，还有利于日后维护关系。

（4）如果已无空席或无合适的餐桌可以接待，则须将这一情况告诉顾客，并询问顾客是否愿意等待，如果顾客同意等待，则带领顾客到等候区稍候。

## （三）顾客等位时的服务

（1）当餐厅客满又有顾客来到时，应做好解释工作，将顾客安顿在等候区，主动为顾客提供免费茶水与小吃。

（2）为顾客送上菜单，可安排顾客先点菜，待其落座后，即可传出菜品，缩短顾客等菜的时间。

（3）按登记的先后顺序为顾客安排餐位。

## （四）针对订席者的服务

### 1. 安排餐桌

翻阅订席簿，为即将光临的订席者安排符合他们要求的餐桌。简便一点的，只需把安排的桌号记在订席簿上；比较讲究的，则应准备餐桌布置图，把订席者的名字写入图中。这种布置图可以展示餐桌的使用状况，以便安排座位。

### 2. 放置订座卡

安排好餐桌后，还要将表示"已订"的订座卡放置在已预留的各餐桌中央，让显示文字的一面向着走近的顾客。

### 3. 检查餐桌摆设与座位是否符合顾客的要求

检查餐桌摆设与座位是否符合顾客的要求，如果顾客有追加或更改事项，必须在顾客到达前摆设妥当。一切就绪以后，即可站在餐厅大门口附近等候顾客。

## 细节10：引客入席

### （一）引客入席的原则

引客入席应遵循图 3-3 所示的三个原则。

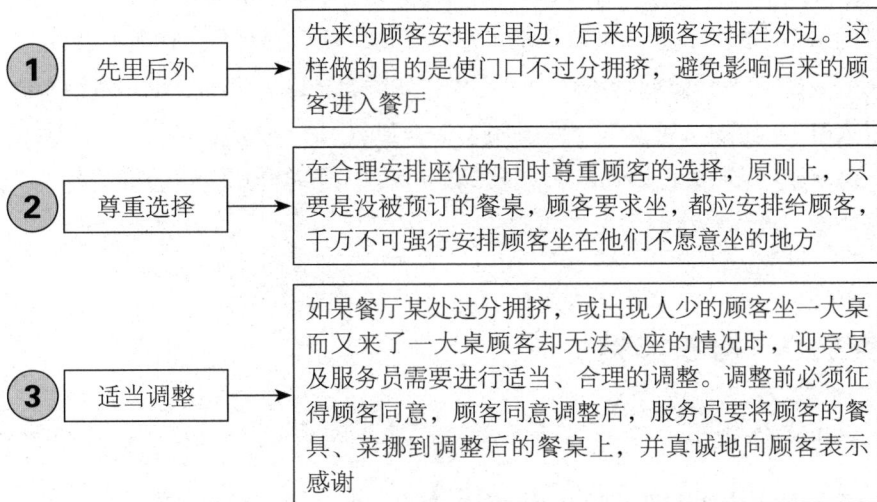

图 3-3　引客入席的原则

> **小提示**
>
> 　　领位时要尽量避免并桌，即不同组或互不认识的顾客尽量不要安排共桌而食；若遇特殊情况必须这样安排，须先询问顾客，经其同意。

### （二）领位的要领

（1）刚开始营业时，先将顾客安排在餐厅前段比较显眼的位置，使餐厅不会显得冷清。勿将顾客集中安排在同一服务区域，除非顾客有意见，尽量将不同的顾客分散安排，以使顾客能够得到较周到的服务。

（2）尽量将年纪较大或行动不便的顾客安排在入口附近，以缩短其走动的距离，避免其太劳累。

（3）带孩子的顾客最好安排在内部角落的餐桌。

（4）安排大餐桌给多数人，安排小餐桌给少数人，切勿安排大餐桌给少数人，这样除可提高餐桌的利用率，也可使顾客的体验更好。

（5）如果订席者不多，工作量的分配也不成问题，应尽量让顾客选择自己喜欢的座位。

### （三）注意事项

（1）迎宾员引导顾客入席时，必须配合顾客走路的速度，在顾客二三步之前带路，并随时回头招呼顾客，拐弯时以手势（手指并拢，掌心朝上）礼貌地指引。

（2）途中若有台阶或特殊地面，应先告知顾客，以免意外跌倒，走道上如有障碍物或人群，应迅速示意处理，好让顾客安全通过。

（3）到达预定包间或餐桌时，迎宾员应立即向顾客介绍负责该餐桌的领班或服务员，语言与动作要协调。

## 细节11：接衣挂帽

### （一）动作规范

（1）见顾客有脱衣举动时，及时上前提供服务，站在顾客身后（男士两脚分开与肩同宽，女士双脚呈丁字形），左手中指和食指钩住衣领，右手随顾客习惯帮助顾客宽衣，并询问顾客是否需要取拿物品（如手机等），禁止触碰顾客皮肤。

（2）运用规范性语言，如"先生（女士）您好，我帮您把衣服挂起来吧"，将接过来的衣物在 10 秒内挂好。

### （二）注意事项

（1）要优先接主宾和主人的衣物，并记住每位顾客的衣物。按次序整齐摆放衣物，若顾客衣服不平整或袖子外翻，应进行整理。有顾客同时递上领带或围巾时，要统一放在一起，以免混乱。

（2）接挂衣帽时有三个不许，即中途不许换手、不许触碰顾客皮肤、不许触碰顾客衣兜。

（3）若顾客执意要求将衣服放在椅背或沙发区，应及时为衣服罩上防尘套，同时提醒顾客保管好贵重物品。

（4）男、女衣物不能混挂。

（5）儿童的衣物不要和成年人的衣物放一起。

## 细节12：拉椅让座

（1）顾客被引到餐桌边时，看台服务员应立即迎上去问候顾客，然后以"先宾后主、女士优先"为原则，以轻捷的动作，用双手拉开座椅，招呼顾客就座。

（2）拉椅让座时动作要与顾客配合默契，待顾客屈腿准备入座时，轻轻推上座椅，推椅动作要适度，以膝盖轻轻顶送座椅至顾客腿窝处，使顾客坐好、坐稳（见图 3-4）。

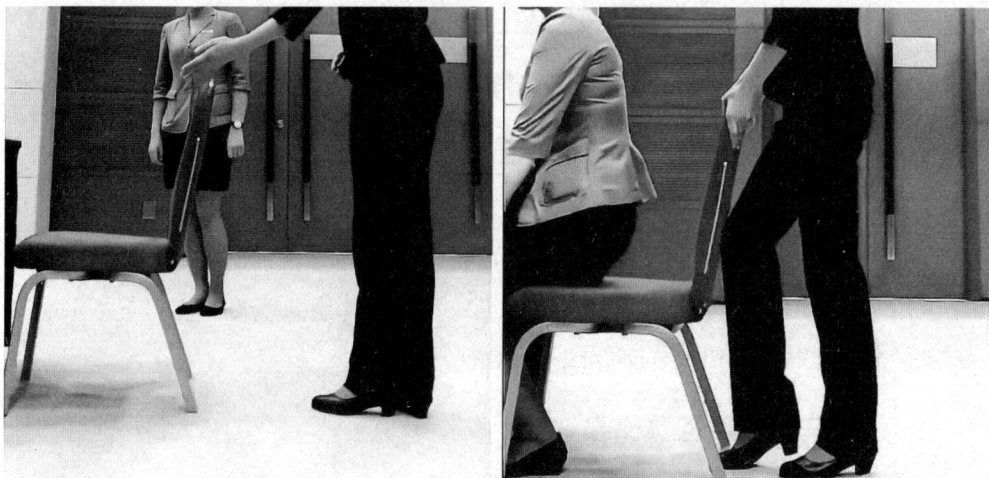

图 3-4　拉椅让座示意

（3）不要拖拉椅子，不要发出异响。

（4）若人少餐位多，可适当调整椅子和餐位间的疏密度，以"整体对称、方便上菜、方便进出"为原则。

（5）将多余餐具收回。多余餐椅的放置原则如图 3-5 所示。

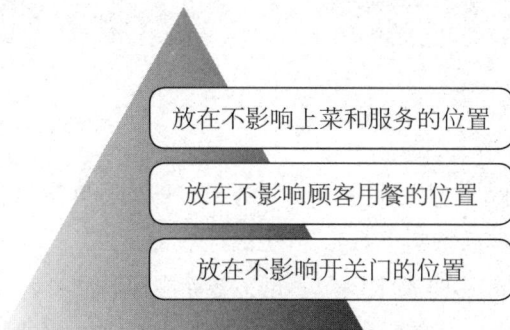

放在不影响上菜和服务的位置

放在不影响顾客用餐的位置

放在不影响开关门的位置

图 3-5　多余餐椅的放置原则

（6）若顾客带孩子就餐，须备儿童餐椅及儿童餐具。儿童餐椅设置原则如图 3-6 所示。

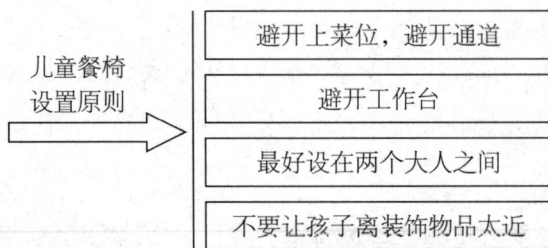

图 3-6　儿童餐椅设置原则

## 细节13：问位上茶

问位上茶服务是顾客就座后享受到的第一项服务，服务质量的优劣直接影响顾客对整个就餐过程的评价，其重要性不容忽视。

### （一）迎宾员与服务员交接

（1）服务员向迎宾员了解顾客数量、用餐要求，撤去多余餐具或按要求添加餐具。

（2）服务员应热情地问候顾客，面带微笑地招呼顾客。

> **小提示**
>
> 顾客较多时，应先添加餐椅再上茶，在顾客品茶的过程中添加餐具。

### （二）上茶

（1）由于不同的人饮茶习惯不同，服务员应征询顾客意见，也可根据顾客的喜好介绍适宜的品种，然后按需上茶（见图 3-7）。

（2）为避免顾客较多时茶水供应不足，餐厅应提前准备好充足的茶水。

（3）斟茶时，以"先宾后主、女士优先"为原则，在顾客的右侧斟第一杯

"礼貌茶"。右手执壶，左手自然下垂或托托盘，注意壶口不可触碰水杯口。杯中茶水一般以八分满为宜，不宜太满（见图 3-8）。

拿到顾客所点的茶叶后，立即为顾客冲茶

图 3-7　冲茶

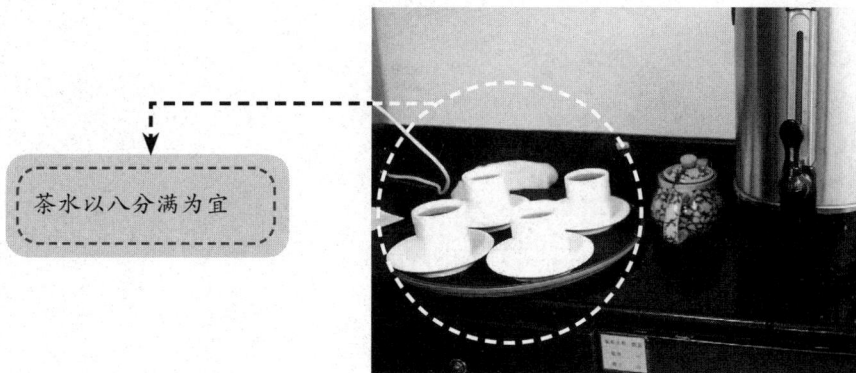

茶水以八分满为宜

图 3-8　茶水不宜太满

环节 4　点菜服务

点菜是对客服务的一环，也是推销菜品的过程。服务员不仅要接受顾客的指令，还要做带有建议性的推销，让顾客乐于接受。如果点菜服务不周到，顾客很可能会对餐厅的整体服务不满，甚至可能拂袖而去。因此，服务员需要掌握点菜的基本程序、基本要求和服务方法。

一般来说，点菜的流程如图 4-1 所示。

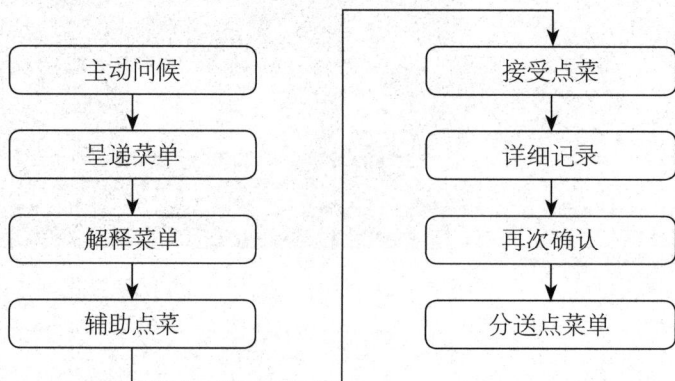

```
┌─────────┐              ┌─────────┐
│  主动问候  │              │  接受点菜  │
└─────────┘              └─────────┘
     ↓                        ↓
┌─────────┐              ┌─────────┐
│  呈递菜单  │              │  详细记录  │
└─────────┘              └─────────┘
     ↓                        ↓
┌─────────┐              ┌─────────┐
│  解释菜单  │              │  再次确认  │
└─────────┘              └─────────┘
     ↓                        ↓
┌─────────┐              ┌─────────┐
│  辅助点菜  │              │  分送点菜单 │
└─────────┘              └─────────┘
```

图 4-1　点菜的流程

## 细节14：主动问候

顾客点菜时，服务员应站在顾客侧面 0.5 ～ 1 米处。

（1）礼貌地问候顾客，如"晚上好（早上好、中午好），先生（女士）！很高兴为您服务"。

（2）介绍自己，如"我是服务员小王"。

（3）询问顾客是否可以开始点菜，如"请问现在可以为您点菜吗"。

## 细节15：呈递菜单

打开菜单第一页，服务员用双手从顾客右侧将菜单送至顾客手中，然后站在顾客的斜后方且能观察到顾客面部表情的地方，上身微躬等待顾客点菜。

（1）对于夫妇，应先将菜单递给女士。如果是团体，应将菜单递给主人右侧的第一位顾客，然后沿着餐桌逆时针方向依次递给顾客。

（2）如果主人表示让全体成员点菜，应将菜单分发出去，顾客递回菜单时及时收回。

（3）如果没有专门为儿童准备的菜单，最好不要递给儿童菜单，除非其父母要求。

> **小提示**
>
> 将菜单递给顾客后，应留出一定的时间让顾客翻看菜单。比如，可先离开 1～2 分钟，或站在顾客后面 1～2 米的地方，不要让顾客有被催促的感觉。

## 细节16：解释菜单

菜单上的每道菜都有菜名、价格和描述，大部分都配有图片，给人直观印象。菜单的各个部分都有一定的含义，服务员应向顾客解释清楚。

菜单组成元素如表 4-1 所示。

表 4-1　菜单组成元素

| 项目 | 说明 |
| --- | --- |
| 数量 | 菜单上食品和饮料数量的表示方法如下：<br>（1）有用大、中、小表示的，如大杯可乐<br>（2）有用具体数表示的，如三块炸鸡<br>（3）有用器皿表示的，如一汤碗、一茶杯<br>（4）有用重量表示的，如千克、克等 |
| 质量 | 食品和饮料的卫生要符合国家的卫生标准。菜品描述要名副其实，不能弄虚作假 |
| 价格 | 将全部价格列在菜单上，如包含服务费或其他费用，须加以说明，让顾客了解 |
| 品牌或商标 | 菜单上应列出食品和饮料的品牌或商标 |
| 食品描述 | 很多食品和饮料的名称相似，但内容很可能大不相同。食品描述一定要准确，以免产生误会 |
| 原料来源 | 菜单上的原料来源应与其产地、商标和有关资料相符 |

（续表）

| 项目 | 说明 |
|------|------|
| 原料种类 | 有些菜是用罐装、瓶装或冷冻的原料来烹调的，这类原料的口感不同于新鲜的同种原料的口感，因此相关描述一定要准确 |
| 烹调方法 | 烹调方法是顾客决定是否选择此菜的原因之一，所以对炸、炒、炖、煮、煎等烹调方法的描述一定要正确 |
| 文字与图片 | 菜单上既用文字又用图片，这就要求图文一致 |
| 推销用语 | 菜单上有时会用推销性的词语来描述食品和饮料，如"特制汤""时令菜""赠送"等，必须明确这些词的含义 |
| 特殊声明 | 菜单上可以使用"不含糖""无盐""低热量"等声明，但应注明日期和所指的菜 |

服务员对顾客有可能问的问题要有所准备，要能准确描述每道菜的特点：哪些菜是季节性的，哪些菜是特制的，制作每道菜需要的时间，每道菜的销售情况，等等。

相关链接

## 服务员点菜前应做好的准备工作

### 1. 记住推荐菜

很多餐厅为了满足顾客的需要，在原料选取、烹调方法、口感和造型上不断地推陈出新，一般在每天或每周会推出一道或几道特色菜、风味菜供顾客品尝。服务员必须记住这些菜品的名称、原料、味道、典故和适合的顾客群体，以顺利地将相关信息及时传递给顾客。

### 2. 记住沽清单

沽清单是厨房在了解当天原料的情况后开具的一种推销单，也是一种提示单，它可以告诉服务员当日的推销菜、特价菜，以便服务员对当日菜式有所了解，避免在当日为顾客推销售罄的菜品。

厨房开出当天的沽清单后，通常会与前厅负责人协调，列举当日原料情况及适合出品的菜，并介绍口味特点、营养特点、季节特点等。服务员应牢记沽清单，要有针对性地介绍菜品，当顾客点到当天没有的菜品时，一般可以回答"对不起，今天刚刚卖完"，然后及时为顾客介绍一道口味相近的菜品，这样顾客比较容易接受，也不会产生不满和抱怨。

**3. 必须熟悉菜单**

服务员要了解所推销菜品的品质和配制方式，介绍时可适当解释。在点菜过程中，顾客希望服务员提供建议时，服务员可提供建议。在人流量高峰期尽量少推荐加工手续比较烦琐的造型菜和加工时间较长的菜，否则会加重厨房的工作负担，并且可能由于上菜速度慢招致顾客投诉。

## 细节17：辅助点菜

在顾客点菜时向其进行必要的介绍和推销是服务员服务能力和素质的综合体现，也是餐厅经营者希望服务员具备的能力。介绍和推销是两个不同的概念，介绍是第一步，推销是第二步，可以说，只有第一步做好了，才有第二步。

### （一）介绍菜品

为了向顾客适当地介绍菜品，服务员应该对本餐厅提供的各式菜品有深入的了解，如哪些是具有代表性的名菜佳肴，各式菜品的价格、主料、配料、烹调方法和烹调步骤，尤其是有特色的烹调方法。同时，还要了解菜品的口味特点，如咸鲜味、酸辣味或酸甜味。对于每道菜所需的烹调时间、各种套餐、当日的特色菜，也要了解清楚，这样当顾客需要得到服务员的帮助时，服务员就能立即提供令其满意的服务。

1. 抓住菜品的特点介绍

一家餐厅制作的菜有许多品种，色香味形各有不同。服务员在介绍菜品时不要千篇一律，机械地列举，背书式地介绍。在顾客看菜单时，要抓住菜品的特点进行介绍；对于创新菜、系列菜，应突出介绍其新在何处，新旧菜品有何联系，口味、原料、制法等有何独特之处（见图4-2）。只有抓住菜品的特点，有针对性地进行介绍，才能使顾客耳目一新、食欲大增。

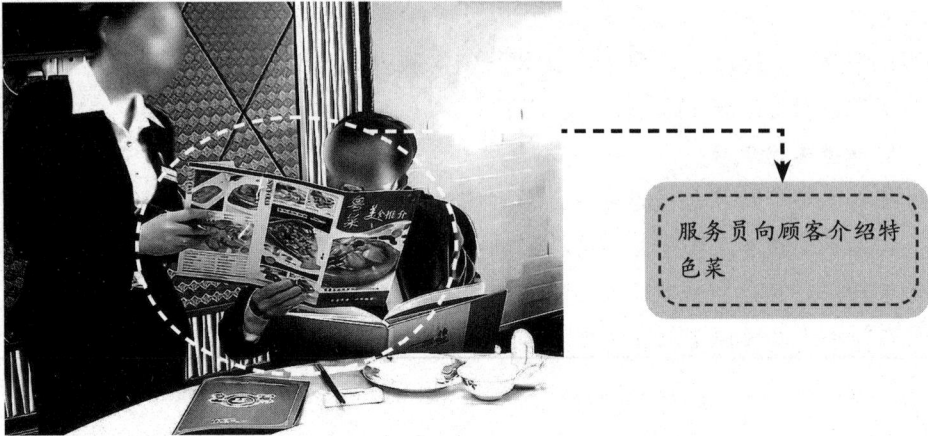

图 4-2 服务员介绍特色菜

**2. 抓住菜品发展状况介绍**

任何菜品都要经过三个阶段，即试销期、热销期、保质期。介绍处于不同阶段的菜品应使用不同的语言，如图 4-3 所示。

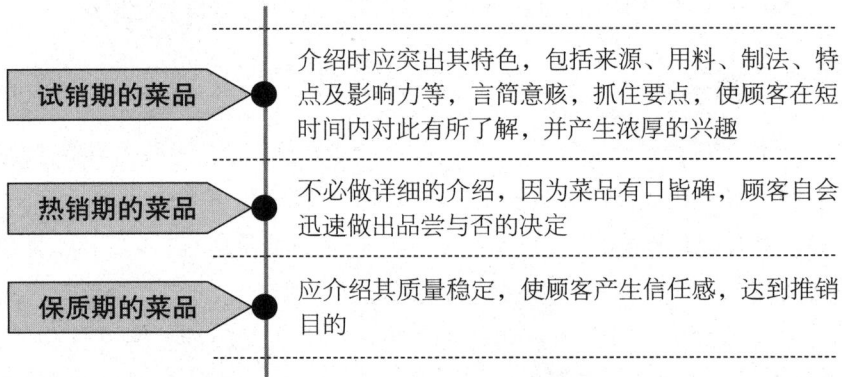

| | |
|---|---|
| 试销期的菜品 | 介绍时应突出其特色，包括来源、用料、制法、特点及影响力等，言简意赅，抓住要点，使顾客在短时间内对此有所了解，并产生浓厚的兴趣 |
| 热销期的菜品 | 不必做详细的介绍，因为菜品有口皆碑，顾客自会迅速做出品尝与否的决定 |
| 保质期的菜品 | 应介绍其质量稳定，使顾客产生信任感，达到推销目的 |

图 4-3 介绍处于不同阶段菜品所使用的语言

**3. 根据顾客的消费心理介绍**

顾客在就餐时的消费心理主要有以下几种。

（1）追求物美价廉。在这种情况下，以介绍寻常风味菜、大众化菜品为宜。

（2）追求美好寓意。朋友相聚、家人团圆、生日庆祝、商务活动宴请时，应主要介绍宴会菜、组合菜、系列菜等，要着重介绍有美好寓意的菜品。

（3）慕名而来。介绍菜品的用料、流行趋势、吃法、盛器等，以加深顾客的印象。

**4. 根据顾客的年龄介绍**

比如老年人喜欢营养丰富、易消化、口味清淡的菜，而年轻人爱尝试新潮风味菜。只有为不同年龄的顾客介绍不同的菜品，才能打动顾客，达到促销的目的。

> 小提示　服务员应根据顾客的需求向其介绍本餐厅的时令菜、特色菜、畅销菜和精品菜，当好顾客的参谋。对于需要等候较长时间的菜品，也应事先说明，以免引起误会。

## （二）推销菜品

如果服务员服务到位、推销有方，就能提升餐厅的营业额，而且对餐厅及时推出创新菜也有帮助。

常见的推销菜品的技巧如图 4-4 所示。

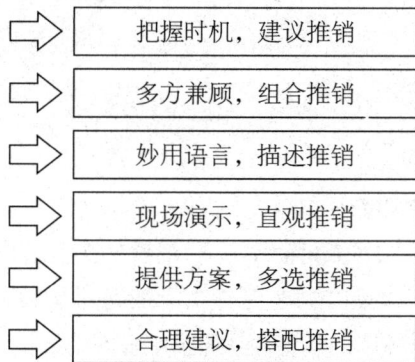

⇨ 把握时机，建议推销

⇨ 多方兼顾，组合推销

⇨ 妙用语言，描述推销

⇨ 现场演示，直观推销

⇨ 提供方案，多选推销

⇨ 合理建议，搭配推销

**图 4-4　推销菜品的技巧**

**1. 把握时机，建议推销**

服务员要把握好建议性销售的时机，体现自身的专业水平，同时把握好建议性销售的尺度。

（1）体现专业水平

细致周到的服务，生动的典故介绍，善意的提示，都可以体现服务员的专业水平。当顾客不看菜单就点菜时，服务员要赞美并提醒顾客；当顾客比较依赖服务员时，服务员要为顾客安排理想菜品；当顾客既以自己为主又依赖服务员时，服务员要充分展示自己的专业水平，做好补充性和建议性的推荐，在赢得顾客信任的基础上推销菜品。

（2）把握好推荐菜品的时机

当熟悉的顾客与他的新朋友来餐厅就餐时，服务员可以在礼貌地问候之后，用商量和征询的语气向顾客推荐菜品。

当顾客所点的菜品售罄时，服务员要及时推荐类似的菜品，并做耐心讲解。否则，既会降低顾客的消费标准，又会破坏顾客的就餐情绪，甚至失去回头客。当餐厅不能提供顾客所点的菜品时，顾客往往会比较失望，这时服务员进行菜品推荐，不仅不会引起顾客对推销行为的反感，反而更乐意接受服务员的意见。

（3）及时提供建议

由于顾客对菜品的了解有限，有时在点菜时会出现原料、口味等重复的情况，这时服务员应该及时提供建议，其实这种建议也可以视为一种推销。

当然，服务员要注意对语言的巧妙运用，在尊重顾客的前提下，使顾客满意地品尝到更丰富的菜品。

**小提示**　协助顾客点菜时，服务员一定要抱着为顾客真诚服务的态度，在取得顾客的信任后推荐菜品。

（4）把握好建议性销售的尺度

服务员应该把握顾客的消费档次，一般消费档次高的顾客强调的是菜品原料的质量和新鲜程度，消费档次低的顾客更喜欢仔细询问菜品的价格和菜量的多少。服务员要替顾客着想，根据顾客的消费档次推荐合适的菜品。

2. 多方兼顾，组合推销

所谓组合推销，就是把顾客喜好的菜品组合起来，使组合的菜品美味可口、营养均衡、价格合理。组合的菜品还应做到口味各异，烹调方法多样，价格高、中、低兼顾，荤素搭配合理。一次成功的消费体验会令顾客记忆深刻。

（1）中餐菜品组合推销

中餐菜品一般包括热炒菜、冷荤菜、羹汤类、主食、点心等。对于不同性质的宴会，中餐菜品组合推销的技巧有所不同，如图 4-5 所示。

1 中档消费和一般消费的菜式组合及主菜价位要根据顾客的消费能力和需求、喜好而定

2 喜庆宴会的菜式组合为：冷盘、主菜（全家福）、炸制菜品、鱼、鸡、虾、肉（肘子）、四喜丸子、小炒类、甜菜品等10道菜和主食

3 丧事聚餐的菜式组合为单数，必须有白豆腐，忌搭配咕噜肉或用番茄汁制备的红色菜品

4 高档商务宴会的菜式组合为：冷盘、冰爽刺身、经典主菜（大菜）、炸制菜品（不影响造型）、鱼、肉、小炒类、时蔬类、汤、主食

**图 4-5　中餐菜品组合推销的技巧**

（2）西餐菜品组合推销

西餐菜品种类繁多，主料突出，讲究形色，味道鲜香，供应方便。西餐菜品组合一般包括头盘、汤、沙拉、主菜、甜点五大类。西餐菜品的类型如表 4-2 所示。

**表 4-2　西餐菜品的类型**

| 菜品类型 | 具体说明 |
|---|---|
| 头盘 | 也称开胃品或开胃菜，一般数量较少。头盘分为冷头盘（冷制食品）和热头盘（热制食品） |
| 汤 | 主要分为冷汤和热汤。要求原汤、原色、原味。热汤有清汤和浓汤之分 |
| 沙拉 | 具有开胃、帮助消化和增强食欲的作用。沙拉分为三种：水果沙拉、素菜沙拉和荤菜沙拉 |
| 主菜 | 又叫主盘，是全套菜的灵魂，制作考究，既考虑色、香、味、形，又考虑营养价值，多用肉类作为主料，采用炸、煸、烘、烤、煮、蒸、烧等方法制作 |
| 甜点 | 主菜用完后即上甜点。如有奶酪，要先吃奶酪。甜点有冷热之分，是最后一道餐食 |

**相关链接**

# 西餐酒水与菜品搭配

西餐用酒以葡萄酒为主，但用餐过程中对菜品与酒水的搭配有严格的规定。西餐用酒分餐前酒、餐中酒和餐后酒，餐前要饮用开胃酒，餐中要用佐餐酒，餐后要用利口酒。

**1. 餐前酒（开胃酒）**

开胃酒是以葡萄酒或食用酒精、蒸馏酒为酒基，加入多种香味各异的食料制成的，具有开胃的功效，一般在餐前饮用。常见的开胃酒有"味美思酒""鸡尾酒""必打士酒"等。

**2. 餐中酒（佐餐酒）**

（1）汤类：汤在西餐中的作用也是开胃，因此一般不配酒。如果顾客有需要，可配颜色较深的雪利葡萄酒。

（2）头盆：头盆也称头盘，大多是较清淡、易消化的凉盘，可与干型白葡萄酒搭配。其中，质量上乘的当属法国的勃艮第白葡萄酒。

（3）海鲜：吃海鲜时一般选用白葡萄酒而不用红葡萄酒，如法国的波尔多白葡萄酒和德国莱茵白葡萄酒。

（4）畜肉、禽肉：一般搭配酒精含量为 12% ～ 16% 的酒。其中，鸡肉、猪肉、小牛肉最好搭配干红葡萄酒，如意大利和法国的干红葡萄酒；火鸡、牛肉、羊肉等色红、味浓、不易消化的肉类最好搭配酒精含量较高的葡萄酒，如法国的红葡萄酒和德国的白葡萄酒。

（5）甜点类：食用奶酪时一般搭配较甜的葡萄酒。如果顾客不需要，也可推荐主菜搭配的酒。

其他甜点可搭配甜葡萄酒和葡萄汽酒，如德国的白葡萄酒和法国的香槟酒。

**3. 餐后酒（利口酒）**

用餐结束后，可选用甜食酒、蒸馏酒等酒，如白兰地等。

（3）将菜品和酒水结合销售

通常是啤酒和冷拼、卤水类结合为宜，葡萄酒和甜品或清淡菜品结合为宜，白酒和肉类热菜、干果类菜结合为宜。

西餐中，酒水与菜品的搭配有一定的规律。总的来说，色、香、味淡雅的酒品应与色调冷、香气雅、口味纯、较清淡的菜品搭配；香味浓郁的酒与色调暖、香气浓、口味杂、较难消化的菜品搭配；在难以确定时，选用中性酒类。

（4）菜品搭配比例适当

此外，进行菜品组合销售时还应注意菜品搭配比例。首先，要注意一桌菜中冷盘、炒菜、汤、点心的价格在总价格中所占的比例，各类菜品质量要均衡，防止冷盘档次过高，热菜档次过低等。其次，还要注意顾客的消费档次不同，菜品的种类也应不同。

### 案例解析

#### 菜品与酒水不搭，食之无味

一天张经理请四位朋友吃饭，习惯性地来到某餐厅。服务员小王远远看到他们，便主动上前问好，将他们请到了张经理平时最喜欢的雅间。张经理今天请的朋友中有一位是从外地到此出差的。"老同学，看你喜欢哪个菜，点几道。"老同学忙说："你们点，你们点，我看不好也不会点。"张经理便诚意十足地为朋友点了清蒸鳜鱼、盐水大虾、花拼大卤水冷盘、四只大闸蟹、银杏百合炒时蔬，外加一瓶西凤酒。张经理心想："这几道菜保证朋友们会满意，这套吃法能降低胆固醇，还是从小王那儿学来的。"可是酒过三巡之后，张经理总觉得今天的菜好像没有味道，心里挺纳闷！朋友们也有这种感觉。小王当时感到疑惑，菜和平时一样，怎么今天顾客的表情看起来好像不太满意呢？

后来，小王参加了餐饮协会举办的培训班。学习结束后，她才恍然大悟，原来酒水里面还有那么多的学问，怪不得上次张经理他们吃得不怎么开心。

【解析】

张经理一行之所以吃得不开心，是因为点了西凤酒，海鲜不宜搭配烈性酒，因为烈性酒会抢去海鲜的风头，再好的海鲜在烈性酒面前也会显得索然无味。

> 　　吃海鲜一般搭配起泡酒、香槟或白葡萄酒。大多数海鲜的口感和味道都比较淡，所以更适合搭配酒体轻盈、果香浓郁、口感干爽清新的干白葡萄酒。另外，高酸度的白葡萄酒还有利于去除海鲜的腥味。

3. 妙用语言，描述推销

语言是一种艺术，不同的语气、不同的表达方式会产生不同的效果。

（1）用生动的语言描述菜品

推销菜品应多采用生动的描述性语言，如"新鲜""鲜嫩""开胃""不寻常""流行""自家酿造""可口""美味""新推出""更好""清淡""值得回味""值得推荐""有折扣"等词语，以引起顾客的食欲和兴趣。

比如："香酥鸭是一道名菜。外面的皮酥，里面的肉嫩，与其他鸭相比，味道别具一格，不妨品尝一下。"

（2）注意身体语言的配合

在进行描述性推销时，还应注意身体语言的配合。

比如在与顾客讲话时，应注视对方，以示尊重；顾客讲话时，要上前一步靠近顾客，随时点头附和，以示听清了，若没有听清，说"对不起，麻烦您再说一遍，好吗"；在向顾客推销菜品和回答顾客问题时要后退一步，防止说话时口水溅到顾客身上或餐具上。

4. 现场演示，直观推销

特殊的菜品对顾客来说只是一个抽象的名词，若有些顾客不甚了解菜品，服务员应该向顾客进行详细的介绍。直观的现场演示可以使顾客对菜品的色、香、味、形等各个方面都有清楚的认识，从而勾起顾客的好奇心和品尝欲望。这种直观的推销方法，可以让顾客吃得舒服、吃得明白。

### 案例解析

**服务员现场演示，顾客食欲大增**

北京某饭庄来了一位广东顾客，服务员赶紧上前引领顾客入座。

顾客说："我听朋友说，你们这里的肉沫烧饼特别好吃，我今天是特地来品尝的。"

服务员高兴地说："感谢您的光临。我们这儿的肉沫烧饼是北京的传统美食之一，很受顾客欢迎，要不我拿来，您先看看？"

服务员赶紧为顾客端来了肉沫烧饼，可顾客看着烧饼却没表现出想要的意思。

服务员一看，知道顾客肯定不了解这道美食，于是说："肉沫烧饼之所以这么有名，不仅是因为它味道独特，还因为它的制作和食用方法很有特色。"

"有什么特色呢？"顾客问。

服务员就把肉沫烧饼的来历和制作方法给顾客讲了一遍，并向顾客演示如何食用。随后顾客食欲大增，不仅要了一份自己吃，还多要了一份打包带回家。

**【解析】**

这次推销之所以成功，主要是因为服务员让顾客对菜品有了直观的认识，勾起了顾客的好奇心和食欲。

在推销新菜品时，也可让顾客试吃。服务员可以用餐车将菜品推到顾客的桌边，先让顾客品尝，顾客若喜欢自然会点一份。

这既是一种特别的推销方法，也体现了餐厅的良好服务。还有一种直观的推销形式，就是当顾客用过主菜之后，服务员推来带甜品的餐车并询问顾客是否需要，这样也可以让顾客产生很直观的印象。

5. 提供方案，多选推销

服务员在向顾客推销菜品时，不要只介绍一种或一类菜品，要为顾客提供多种菜品，让顾客在经过对比后做出选择。

服务员在推销过程中应尽量用选择问句，而不是简单的"要吗"或"要不要"等提问句。

比如，服务员向顾客推销饮料时可以问："先生，您用啤酒、饮料、咖啡还是茶？"

很显然，这种问法为顾客提供了几种不同的选择，顾客很容易在服务员的引导下选择其中一种。

6. 合理建议，搭配推销

点菜时，菜品搭配是一个重要问题。以中餐而言，并不要求每道菜都精彩，讲究的是一桌菜要五味俱全，搭配合理，咸淡互补，鲜辣不克。在顾客点菜时，服务员应为顾客提供合理的建议，使整桌菜品的搭配更合理，让顾客吃得满意。这就要求服务员具备一定的餐饮知识，尤其是食品搭配的相关知识，如图 4-6 所示。

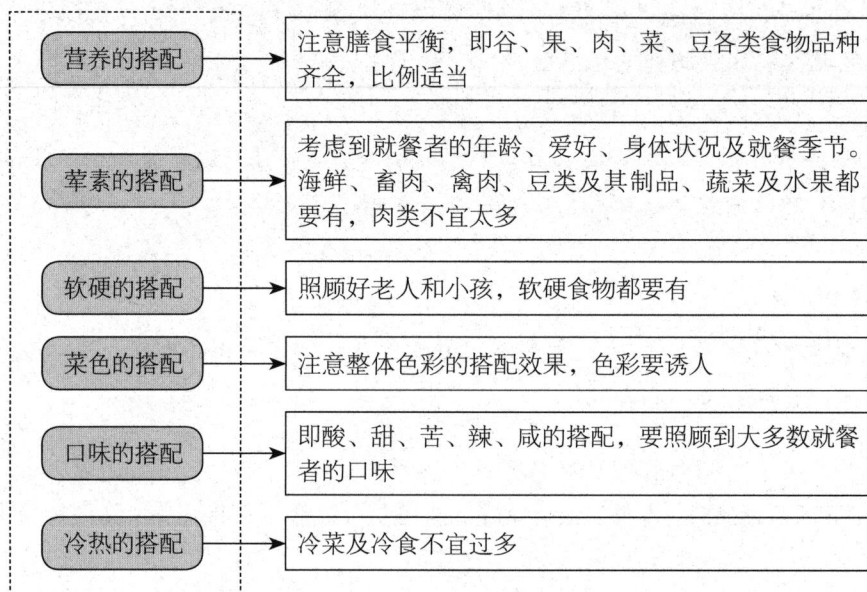

| | |
|---|---|
| 营养的搭配 | 注意膳食平衡，即谷、果、肉、菜、豆各类食物品种齐全，比例适当 |
| 荤素的搭配 | 考虑到就餐者的年龄、爱好、身体状况及就餐季节。海鲜、畜肉、禽肉、豆类及其制品、蔬菜及水果都要有，肉类不宜太多 |
| 软硬的搭配 | 照顾好老人和小孩，软硬食物都要有 |
| 菜色的搭配 | 注意整体色彩的搭配效果，色彩要诱人 |
| 口味的搭配 | 即酸、甜、苦、辣、咸的搭配，要照顾到大多数就餐者的口味 |
| 冷热的搭配 | 冷菜及冷食不宜过多 |

图 4-6　食品搭配的相关知识

搭配推销的方法往往可以收到较好的效果，不仅可以很快把菜品推销给顾客，而且能很好地体现服务员的职业素质和服务能力，赢得顾客的信任。

任何消费都有一定的价格标准，餐饮消费价格标准的高低往往反映了消费形式与菜品的档次。而价格标准的高低主要取决于食材品质与菜品搭配。

服务员的基本功之一就是在点菜服务过程中充分考虑到价格，针对不同的顾客、不同的需求、不同的消费档次，采取巧用份数法、菜品价格分解法、加权平均法等销售技巧来赢得顾客的认可，促进销售。

（1）巧用份数法

当顾客人数较多时，通常一盘菜的分量可能不够，特别是大家都喜欢吃的菜，服务员应主动向宾主建议采取"一菜双卖"（双份的量）或"一菜三卖"（三份的量）的方式，取得顾客的认可后，将菜的份数准确地记录在点菜单上。当丰盛的大盘端上桌时，菜香、味足、量大又实惠，定会令顾客满意。这种方式适用于人多又希望同坐一桌方便谈话的情形，如朋友、同学聚餐等。

（2）菜品价格分解法

高档菜品造型高雅，但价格通常也较高，因此顾客会犹豫不决，这时服务员要学会用菜品价格分解法来推销，如"大家共同品尝这道菜，每人花十几元就能尝到这么美味的菜，多值得啊"。按人数去分解价格的话，平均价格就显得较低，这样顾客就容易接受了。

（3）加权平均法

通常一家人来餐厅就餐，有人想吃好的，往往点价位高的菜，有人觉得不应该太浪费，往往点中、低价位的菜。这时服务员在肯定高价位菜品后，再介绍一道既美味价位又低的菜品，便可同时满足两人的需求。服务员可以说："两道菜一共才××元，平均下来非常实惠，在家里自己做，既做不出这个口味，也享受不到这里的环境和氛围。"

### 相关链接

## 食材搭配原则

**1. 色泽搭配**

服务员在协助顾客点菜时应注意防止色泽组合混乱。注意菜与菜、菜与桌面及餐具的色泽搭配和谐，带给顾客美的视觉享受。

**2. 造型搭配**

菜品造型是指菜品的整体形态表现，它是体现菜品质量的标准之一。菜品良好的艺术造型可烘托就餐的气氛。菜品的艺术造型应丰富且美观，体现出和谐统一的形象。

**3. 口味搭配**

一般来说，原料不同，口味各异。原料是菜品口味的基础。例如，"心心相印"这道菜选用鸡心、猪心，经熘、爆制作而成。菜品红润、滑爽，具有两种不同的口味，并用黄瓜、胡萝卜切片围成两个心形。此菜双味，造型别致，寓意新郎新娘心心相印，永不分离。

#### 4. 荤素搭配

荤素菜品比例要适当。素菜多了会使人感到素淡无味，荤菜多了又会使人觉得腻口。一般冷菜的荤素搭配比例是5：4，热菜的荤素搭配比例是7：3。

#### 5. 菜品与盛装器皿搭配

盛菜的器皿虽然不具有可食性，却也是菜品不可缺少的部分。不同的菜品要与不同的盛器搭配。如果搭配得恰到好处，就能给整道菜锦上添花。

## 细节18：接受点菜

接受点菜时，服务员应站在顾客左后侧一步距离处，上半身略微前倾，认真听，始终面带微笑。

（1）服务员先在点菜单上记下日期、本人姓名及台号、就餐人数、餐别等。

（2）顾客点菜时，服务员应注视顾客，听清楚菜名、数量、烹调方式等。

（3）对于特殊菜品，应向顾客问清楚所需火候、配料及调料等。

（4）若顾客用餐时间较紧，点的菜烹饪时间较长，则应及时向顾客征求意见；若顾客点了相同的菜式，如汤、羹，或者味型类似的两个菜，应礼貌地问顾客是否需要更换菜式。

（5）若顾客有特殊要求，应记清楚，并告知相关人员。

## 细节19：详细记录

### （一）手工记录顾客点菜

#### 1. 使用点菜备忘单记录

点菜备忘单上列出了餐厅提供的所有菜品和酒水，服务员只需根据顾客点的菜在菜单上相应的菜名前做标记即可（见图4-7）。点菜备忘单一式两份，一份留给顾客，一份送到厨房。如果顾客改变已点的菜，服务员要在点菜备忘单上划掉已点的菜，防止上错菜。

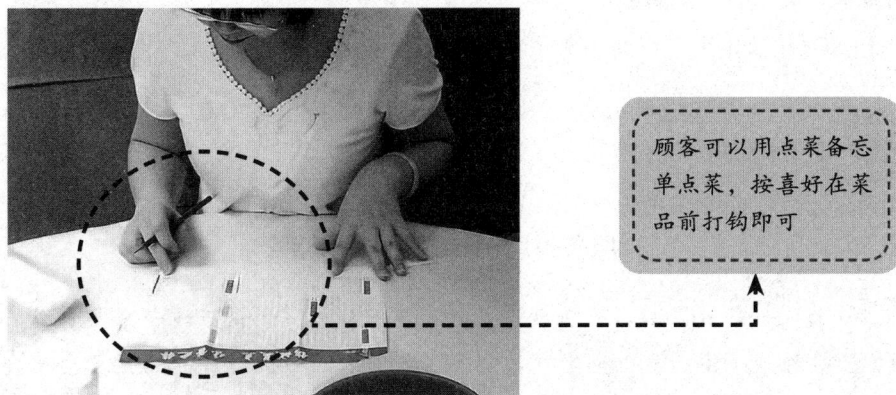

顾客可以用点菜备忘单点菜，按喜好在菜品前打钩即可

图 4-7　顾客用点菜备忘单点菜

2. 使用便笺记录点菜

服务员在顾客点菜之前，在事先准备好的点菜便笺上写明顾客的台号、就餐人数、日期、服务员的名字（见图 4-8），并按自编系统或缩写记录桌上每个人的位置，然后再记录每个人点的菜。

服务员手动填写点菜便笺，记录日期、台号、就餐人数等信息

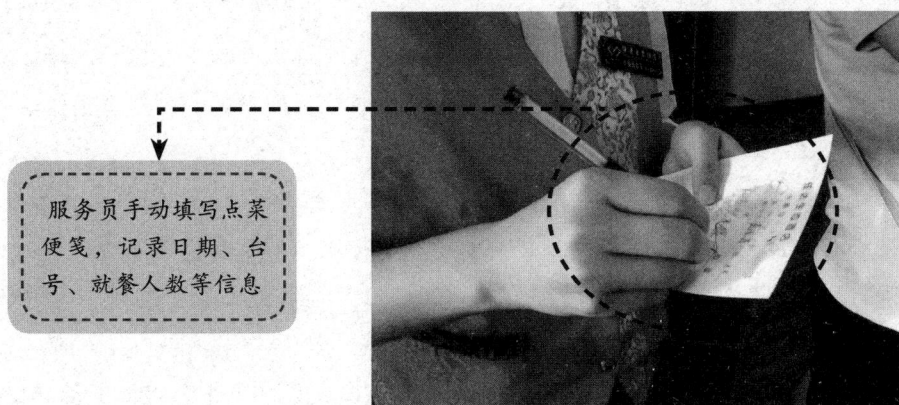

图 4-8　服务员填写点菜便笺

记录桌上顾客的位置时可以自编系统。自编系统有以下几种方法。

（1）站在餐桌左角，记录点菜时从右边的顾客开始。

（2）以某个人为参照，如从黄色卷发的女士开始记录。

（3）以东南西北中的某个方向为参照，按顺时针方向记录。

（4）利用窗户、大门或其他醒目的物体作为参照，将每桌的某把椅子编为第一号，记为"No.1"。在记录顾客点菜时，把这些椅子的号码写在便条上，尽量使用

简略符号，以节省记录时间。

自编系统确定后，所有服务员都要掌握各个代号的含义。

## 案例解析

### 服务员聪明应对顾客的点菜

一天，一行6位顾客来到某三星级酒店餐厅，他们是当地一家四星级酒店的餐饮部经理、厨师长、主管、领班和骨干服务员，此行的目的是考察为什么该三星级酒店的餐饮经营得如此红火。

为他们服务的是该酒店的金牌服务员小黄。顾客开始点菜。首先，小黄向顾客介绍了该店的特色菜，介绍得张弛有道、特色尽显，顾客点了几道菜。然后，小黄又向顾客介绍了该店的创新菜，介绍得详尽而明确，顾客又点了几道菜。确定了酒水之后，顾客开始点主食。

显然，顾客此行的目的还没有达到。于是，心照不宣地彼此看了一眼。餐饮部经理点了半例素炒牛河，厨师长点了3张手抓饼，主管点了半例扬州炒饭，领班点了4个素馅盒子，两个骨干服务员分别点了素汤面和半斤饺子。顾客们很守规矩，均点了酒店的最低标准量。小黄委婉地提醒顾客，点这么多主食可能会吃不了，顾客说："吃不了，我们打包带走。"

菜品陆续上桌，斟倒酒水、更换骨碟，服务过程井然有序。轮到上主食时，只见小黄不慌不忙地把顾客所点的主食一一准确地送到了每位顾客的面前。身为同行的各位顾客简直惊呆了，不禁感叹："他怎么记得这么清楚？""该酒店竟有如此棒的服务员！"

餐饮部经理誓要探个究竟，对小黄说："服务员，我再点一份水果拼盘，麻烦你帮我催一下。""好的！"小黄答应后走向厨房。餐饮部经理来到备餐台前，拿起了点菜单，仔细看了起来。

"好聪明的服务员！"餐饮部经理在心里暗暗地为小黄喝彩。

用完餐，结了账，顾客满意地离去。

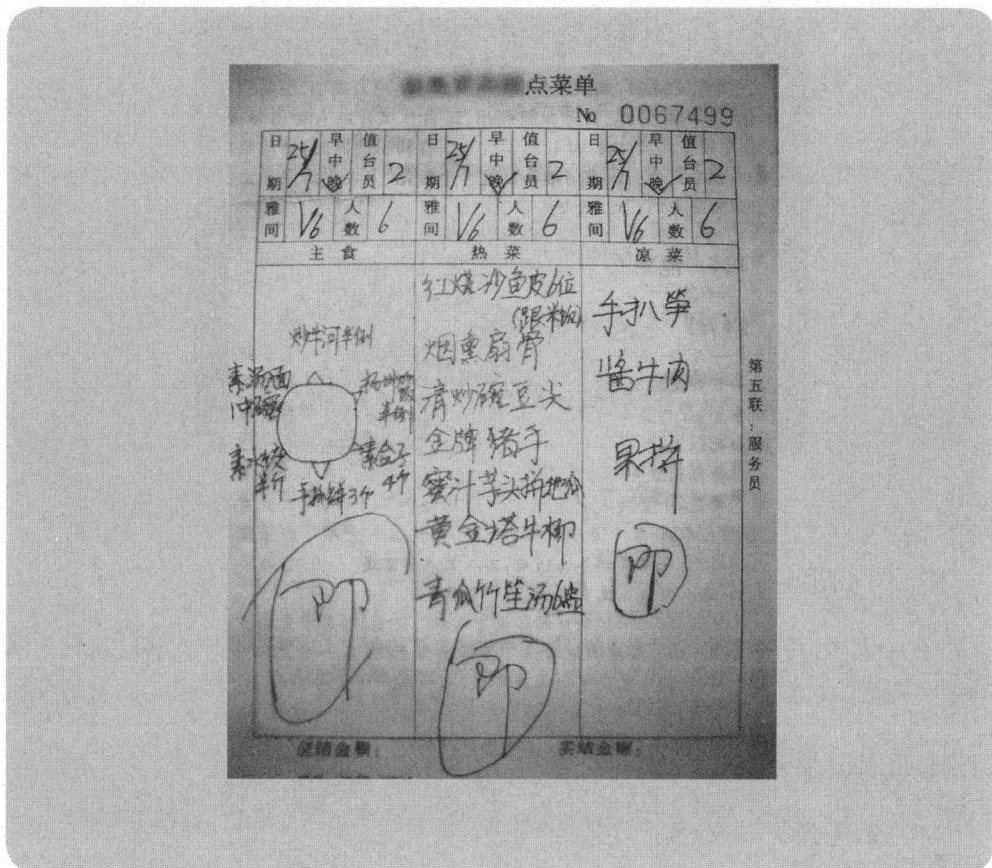

【解析】
　　服务员小黄之所以能精准无误地将每位顾客所点的菜品送到他们面前，是因为他用自己的方式记住了每位顾客所点的菜品，这样就算再忙也不会出错。

## （二）点菜系统记录点菜

　　点菜系统记录点菜在大、中型餐厅及高级餐厅中已经普及。服务员将顾客点的菜输入点菜系统（见图 4-9），打印清单后交给顾客。

图 4-9　服务员用点菜系统记录点菜

### （三）由服务员唱读点菜

在小餐厅，服务员通过唱读顾客点菜，把信息传给厨房的工作人员。这种方法要求服务员头脑清楚、记忆准确。

### （四）记录点菜的注意事项

（1）服务员应仔细听顾客点菜。

（2）用缩写的方法记录点菜，这种缩写应是大家熟悉的。

（3）服务员在确定点菜已经记录之前不得离开餐桌。

（4）如有疑问，应询问清楚，以免遗漏或错记。

（5）服务要记清每位顾客点的菜，每道菜的烹制程序、用何种原料及配菜等，这样可以避免在餐厅与厨房之间无谓地走动，避免顾客等候过久。

（6）服务员应记住各种菜、汤的烹调时间，并告知顾客。顾客经过衡量，也许会改变所点的菜。

（7）顾客若点错菜，千万不要与顾客争吵，应以宽容的态度灵活待客。

（8）多位顾客点菜时可能要求分开结账，这时应通知相关的工作人员做好准备。

## 细节20：再次确认

（1）待顾客点完菜，服务员应清楚地复述顾客所点菜品，待顾客确认后说：

"谢谢，请您稍等。"

（2）复述完毕，再次确认点菜单右上角的时间，以便查询。

（3）收回菜单并向顾客致谢，同时说明大致的等候时间。

（4）适时把菜单送回迎宾台。

## 案例解析

### 未点菜品端上桌，餐厅只能赠送

王先生一家人到某餐馆聚餐。落座后，服务员小江拿来了菜单："先生，请您点菜！"

"你们点！"王先生对太太和孩子们说。

"爸爸，爸爸，我点！"7岁的儿子喊道。"我也点！我也点！"5岁的女儿也不甘示弱。

"别着急！不许喊！"妈妈对两个孩子说。

"百合鱼米、蟹黄豆腐、黑椒牛扒……"王太太说道。"妈妈，我要这个！""我也要这个！"两个孩子指着菜单上的图片又嚷嚷起来。小江看了一眼，顺手记了下来。

"好，就这些吧！麻烦快点儿！"王太太对小江说。

不一会儿，一道道菜端了上来。"咦？不对呀！服务员，你过来一下！"王太太指着桌上的一道菜，叫住了刚要转身离开的服务员，"我们没点这道菜！"

服务员对了一下点菜单，说："没错呀！点菜单上写着有这道菜！"

"可我确实没点呀！"王太太说。

看到这一幕，值班经理连忙走过来。问清楚事情的原委之后，经理叫来了小江。经过询问得知，原来是小江把两个孩子指的菜也写了下来，而且在点完菜后忘了向顾客复述所点的菜。

经理对小江说："你再跟王太太确认一下，看看还有没有其他问题！"然后，经理对王太太说："王太太，实在对不起！给您添麻烦了，这道菜就算是我们赠送您的，希望您谅解！也希望你能再次光临！"

【解析】

小江在服务过程中，未跟王太太确认就擅自将孩子们所指的菜记录在点菜单上，导致王太太产生不满，也导致了餐厅的损失。因此，在顾客点完菜后，要向顾客复述一遍所点菜品及特殊要求，并请顾客确认，这是非常重要的。

## 细节21：分送点菜单

顾客点好菜后，负责点菜的服务员要及时将菜单分送至各部门，以便及时为顾客上菜。当然，现在大多数餐厅都使用了点餐系统，只要服务员在系统上确认了顾客点的菜，各部门就能及时看到菜单，以便提供相应的服务。

**相关链接**

### 服务员应掌握的点菜服务要领

从顾客的要求和餐饮服务的特点来看，点菜服务应注意如下几点。

**1. 时机与节奏**

通常在顾客就座后几分钟内请顾客点菜。

**2. 要观察顾客的表情并揣摩其心理**

在顾客开始点菜时，服务员要细心观察。服务员要掌握"一看、二听、三问"的技巧（见图4-10）。

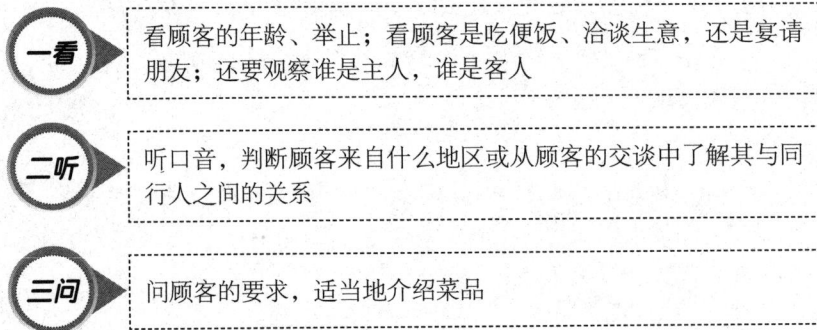

| 一看 | 看顾客的年龄、举止；看顾客是吃便饭、洽谈生意，还是宴请朋友；还要观察谁是主人，谁是客人 |
| --- | --- |
| 二听 | 听口音，判断顾客来自什么地区或从顾客的交谈中了解其与同行人之间的关系 |
| 三问 | 问顾客的要求，适当地介绍菜品 |

图4-10 "一看、二听、三问"的技巧

**3. 认真与耐心**

点菜时应认真记录顾客点的菜品、酒及桌号，认真核对点菜单，避免出错；要耐心地回答顾客的问题，当顾客质疑时，服务员要善于疏导顾客情绪，避免与其发生冲突。

**4. 语言与表情**

顾客点菜时，服务员的语言要得体，报菜名应流利、清楚，始终面带微笑，以体现服务的主动与热情。注意使用礼貌用语，尽量使用选择性、建议性语言，不可强迫顾客接受。

**5. 其他注意事项**

（1）根据顾客的心理需求尽力向顾客介绍时令菜、特色菜、招牌菜、畅销菜。

（2）顾客所点菜品过多或重复时，要及时提醒顾客。

（3）如顾客所点菜品已经销售完，要积极与厨房取得联系，尽量满足顾客的需要或介绍其他合适的菜品。

（4）如果顾客所点菜品烹制时间较长，要主动向顾客解释，告知等待时间，调整出菜顺序。

（5）如顾客赶时间，要主动推荐一些快捷易做的菜品。

（6）若顾客未到齐，菜单上应注明"叫菜"；若顾客赶时间，菜单上应注明"加快"，若顾客有特殊要求，也应注明，如"不吃大蒜""不吃糖""不吃辣""不吃花生油""不吃猪肉"等。

（7）对于海鲜，应写明做法、重量。

（8）写清楚台号。

（9）点完菜以后应向顾客复述一遍。

环节 5    上菜服务

上菜服务是指服务员将厨师烹制好的菜品传至餐厅，按一定的礼仪规范，有秩序地将菜品送上餐桌，供顾客享用的过程。

服务员在上菜服务中应注意图 5-1 所示的几个细节。

| | | | |
|---|---|---|---|
| 做好上菜的准备 | 检查菜品的质量 | 选择上菜的位置 | 把握上菜的时机 |
| 讲究上菜的礼仪 | 谨遵上菜的顺序 | 注重菜品的摆放 | 特殊菜品的上法 |

图 5-1　上菜服务应注意的细节

## 细节22：做好上菜的准备

顾客点菜结束后，服务员应做好以下准备工作，以便及时为顾客上菜。

### （一）拆除筷套

服务员侧身靠桌，用右手从顾客餐位上拿取筷子，从筷子底端撕开筷套后，执筷子底端取出筷子并放在筷架上（若无筷架，则放在骨盘上）。

### （二）备齐用具

（1）准备好干净的托盘，并铺上干净的垫布。

（2）依顾客所点的菜单尽快调整餐具。

（3）根据菜单准备相应的调味品。

（4）上菜前，询问顾客是否需要餐前酒服务，若顾客需要，则准备好顾客所需要的酒水及公酒杯等一系列用具；同时，还要准备相应的餐间服务用品。

## （三）腾出位置

（1）整理备餐柜台面，留出摆菜的位置。

（2）整理餐桌台面，腾出上菜的位置。

## （四）仔细检查

检查餐桌上的餐具是否齐全，是否需要为顾客添加茶水。

## （五）酒水服务

上菜前，若顾客需要餐前酒服务，则先进行餐前酒服务。

（1）用托盘盛放杯装饮料或少量的瓶装酒水，用酒篮盛装大量的瓶装酒。

（2）先将酒倒入公杯，七八分满即可，再用公杯将酒分别斟入预先准备的小酒杯。服务员应视顾客饮用情形，随时添酒于公杯内，同时应附柠檬片或话梅等。

（3）保证酒水温度适当，如啤酒应保持凉爽，绍兴酒应保持温热。

（4）斟酒前，应先将酒瓶擦拭干净；盒装类的果汁在开盒前应先摇匀。

（5）若饮料需添加冰块，则以冰桶盛装冰块并帮顾客添加冰块。

## （六）安心等待

上菜前的准备工作就绪后，等待传菜员按菜单所列顺序逐项传送上桌，并由服务员为顾客提供服务。

**相关链接**

# 托盘使用技巧

**一、端盘与托盘的基本要求**

端盘与托盘的基本要求是：端平走稳、汤汁不洒、菜不变形、清洁卫生。

**二、端盘与托盘的方法**

（一）徒手端法

徒手端菜、端饭、端汤较为方便灵活，也比较容易掌握，该端法主要适用于端送凉菜、米饭及点心等。随着对服务技巧要求的提高，一些中高档的餐厅已很少使用此端法。徒手端法的要求如下。

（1）各盘碗都要保持水平或稍向里倾斜，以防止外滑。若发生特殊情况导致盘碗内滑，可用身体顶住滑动的盘碗，再请另外的服务员帮助调整。

（2）端盘碗时，左上臂要保持水平，并可根据避让的需要灵活做水平方向转动。

（3）徒手端法需要巧妙地运用指力、腕力和臂力。服务员只有在练好指力、腕力和臂力的基础上，才能熟练地运用徒手端法。

（二）托盘端法

在餐厅里，使用托盘端菜、端汤不仅能比徒手端法端得多，而且安全、卫生，此法现已普及。托盘端法按其所托重量分为轻托和重托两种。

1. 轻托

用中、小圆盘或小条盘端菜、送酒。因其所托的重量比较轻，故叫轻托。

2. 重托

重托主要用于托送较多的菜品、酒水和空盘碟。盘中的重量一般在 2.5～5 千克。重托的盘子，要选用质地坚固的大、中长条盘。由于重托的盘子会经常与菜汤接触，易沾油，因此使用前要清洗干净。

**三、端盘与托盘时行走的要领**

（一）行走要求

上身挺直，略向前倾，目视前方，动作敏捷，精力集中，步伐稳健。

（二）行走步法

端盘与托盘行走时一般使用五种步法。

1. 常步

常步应步距均匀，速度适宜。

2. 快步

快步的步幅稍大、步速稍快，但不能跑，以免泼洒或影响菜形。端送需要热吃的菜品时使用这种步法，如锅巴肉片、拖鱼条、松鼠鳜鱼、拔丝土豆等，因为上菜慢了就会影响这类菜品的风味。

3. 碎步

碎步的步幅较小、步速较快，主要适用于端汤，因为这种步法可以使上身保持平稳，避免汤汁溢出。

4. 垫步

垫步即一只脚在前，一只脚在后，前脚进一步，后脚跟一步的行进步法。这种步法适用于以下两种情况。

（1）穿行狭窄的过道时。

（2）行进中突然遇到障碍时或靠近席桌需减速时。

5. 跑楼

跑楼是传菜服务员端盘与托盘上楼时所使用的一种特殊步法。其要求是：身体向前倾，重心前移，一步紧跟一步，不可上一步停一下。

**四、托盘的操作要领**

（一）单手托盘要领

1. 适用情形

单手托盘适用于以中小型圆形托盘或椭圆形托盘来盛装运送少量的菜品、饮料、餐具或其他较轻的物品，以便服务顾客。

2. 操作方法

（1）伸出左手，掌心向上，五指分开，拇指朝左。

（2）左上臂与左前臂于左胸前成 90 度角。

（3）将托盘放在左手手掌上。

（4）以左手五指指尖及手掌根部托住托盘。

（5）左手手掌的掌心不与托盘底接触。

（6）将托盘平托于胸前，托盘重心应在左手掌心或掌心稍靠左胸处。

（7）根据托盘的重心调整手指与手掌根部的位置。

（8）保持平稳地托住托盘。

3. 注意要点

（1）将托送的物品摆在托盘中心，这样容易掌握重心且方便运送。

（2）托送较多物品时须将所有物品均匀放置，以保持重心稳定。

（二）双手托盘要领

1. 适用情形

双手托盘通常适用于以长方形托盘来盛装运送数量多且重的菜品、饮料、餐具，便于来往于厨房及餐厅服务台、服务柜之间。

2. 操作方法

（1）将托送的物品依照大小及轻重均匀摆在托盘上。

（2）伸出双手抓住托盘两端的中间部分。

（3）双手向上抬起，将托盘平稳地端在胸前。

3. 注意要点

（1）可略微调整双臂的位置及动作，以便施力及掌握托盘重心。

（2）注意勿在托盘中盛装过重且堆积过高的物品，否则易发生危险。

（三）肩托托盘要领

1. 适用情形

肩托托盘通常适用于以大型圆形托盘、椭圆形托盘或长方形托盘一次将几道菜托送到餐厅，或者从服务台将撤下的整桌餐具送回厨房。肩托托盘方式常见于宴会场合或西式服务中。

2. 操作方法

（1）以双手将盛装物品的托盘往桌边或托盘架外移动。

（2）在挪出一部分之后，以右手扶住托盘的一边。

（3）伸出左手，掌心向上，五指张开，将手掌全部贴在托盘底部。

（4）稍微移动手掌，找到托盘的重心。

（5）双膝微弯，蹲下，降低身体重心，双手协作，用力将托盘慢慢托起。

（6）转动左手手腕，将托盘悬空托于左肩外上方，托盘底部离左肩2～5厘米。

（7）将托盘托稳之后，右手可自然下垂或扶于托盘前方协助托送，也可用右手托托盘。

（8）根据托盘的重心变化调整手掌的位置。

（9）保持平稳地托住托盘。

3. 注意要点

此方法极考验服务员手腕所能承受的重量、操作技巧及熟练度、对托盘重心的掌握、餐具的叠放等。

**五、托盘上菜的服务技巧**

（1）备妥干净的圆形托盘，并铺上餐厅专用托盘垫纸或垫布。

（2）以左手平稳托住托盘。

（3）将餐盘置于托盘中央，或与其他物品均匀放在托盘上。

（4）掌握托盘的重心，并确认所有物品摆设妥当。

（5）持托盘行进到顾客座位处，侧身走至顾客右边并准备上菜。

（6）注意托盘的位置，避免托盘碰到顾客。

（7）以右手接触餐盘右侧边缘，端起餐盘，前倾上身，微弯腰，平稳地将餐盘摆在顾客面前。

（8）摆放餐盘时仍须保持托盘平稳。

**六、使用托盘的注意事项**

（1）较重的物品放在托盘中央略偏向托盘者的一边。

（2）扁平餐具与较小的物品放在外围。

（3）如果使用盘盖，不可将冷食物堆放在热食物上，否则热气上升会加热冷食物。

（4）装有液体的容器（如咖啡壶与水壶等）应尽量放在中央，若无法按此安排，则壶口不可朝向托盘外。

（5）不可将物品跨放在托盘边缘，否则移动时物品会发出声响。

（6）普通的瓷器，如咖啡杯和衬盘，可以堆叠起来。

（7）盛菜的餐盘若没盖，应尽可能放在远离头发的一边。

（8）不可超量堆叠物品，要分几次搬运。

（9）要经常清洁托盘，垫巾也要常更换以保持清洁。托盘应在营业结束后送去洗涤，在营业开始前取用。

（10）搬运干净餐盘的托盘和搬运残盘的托盘最好分开使用，以保持部分托盘的整洁，前一类托盘也可用于没有油腻的用品或用具，如杯子等。

（11）当托运轻巧且数量少的物品时，可将托盘托在左手上，在顾客落座处以右手取物后直接服务顾客。当托运重且数量多的物品时，应先将托盘放在服务桌或托盘架上，不可直接放在餐桌上。

## 细节23：检查菜品的质量

传菜员将菜品传给服务员后，服务员要做好图 5-2 所示的几项检查工作，以确保菜品的质量。

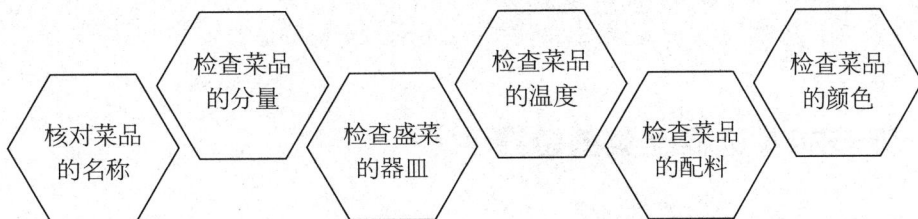

**图 5-2　检查菜品的质量**

### （一）核对菜品的名称

上菜前要仔细核对菜品与菜单上的名称是否匹配，避免上错菜。

### （二）检查菜品的分量

厨房一般会特别忙，有时候会出现菜的分量不够的情况。所以，服务员在上菜前要检查每道菜是否足量。

### （三）检查盛菜的器皿

盛菜的盘子破损或不干净会让顾客大倒胃口。因此，服务员在上菜前要检查盛菜的器皿是否美观，盘边是否干净。

### （四）检查菜品的温度

热菜要够热，凉菜要够凉，因为很多菜品的口感只有在一定的温度下才最好。

### （五）检查菜品的配料

有些菜要蘸着配料吃，服务员在上菜前应严格把关，如果暂时没有这些配料，至少应先向顾客解释，这样可以缓解顾客的不满情绪。

### （六）检查菜品的颜色

中国人吃菜讲究色、香、味俱全，很多厨师都很讲究颜色搭配，以此刺激顾客的食欲。所以，服务员在上菜前要查看菜品的颜色，颜色不正，就要退回去。同时，还要检查菜品表面是否有杂质或异物。

> 每一位服务员都是销售员和质检员，检查完菜品的质量后，先划单再上菜。

**小提示**

## 细节24：选择上菜的位置

### （一）宴会餐厅

通常应选择一个固定的位置上菜，多选在陪同人员和翻译人员之间，有时选择在副主人右边上菜，这样有利于翻译人员和副主人向来宾介绍菜品名称、风味。一般不在主人与主宾之间上菜。

## （二）零点餐厅

在零点餐厅中，服务员上菜时应注意观察，灵活选择上菜位置，以不打扰顾客为宜，但严禁从主人和主宾之间及从老人、孩子旁边上菜。

## 细节25：把握上菜的时机

上菜的时机一般是根据中餐、西餐及各地的上菜规矩与习惯，再结合顾客的要求和进餐速度而灵活确定的。

## （一）中餐酒席

如果是中餐酒席，在顾客开始吃冷盘时，就可以一道一道地上热炒，等冷盘和热炒被吃完一半时就开始一道一道地上大菜。一般中餐酒席在上最后一道菜或汤之前，要低声提醒客主菜已上完，询问其有无其他要求。

### 案例解析

#### 凉菜上太早，菜都蔫了

某餐厅正在举行一场晚宴，顾客入座后，只听副主人问："服务员，这菜是中午的吧？"服务员看了看，回答："这菜是今天晚上现做的。"顾客怒道："不可能，如果是新鲜的，怎么这个大拌菜是蔫的？"（注：大拌菜由多种新鲜蔬菜混拌而成，要求菜叶水灵、新鲜）。服务员小心翼翼道："半个小时前不是这样的，那时菜很水灵。"顾客还是不信，最后请来餐厅经理，大家才知晓原因。原来是顾客订餐时说的是六点开餐，结果路上堵车，大家晚来了半个多小时，服务员没有随机应变，在顾客预订的开宴时间前5～8分钟上凉菜，因为等待时间长，大拌菜水分被盐渍出，导致观感不好。最后，顾客表示理解，餐厅重新制作了一份大拌菜，皆大欢喜。

【解析】
顾客晚到及服务员未随机应变，导致凉菜上桌时间过长而观感不好，造成顾客误解进而投诉。由此可见，正式开宴前 5～8 分钟上凉菜是很有必要的。上菜时间正确对保证菜品的新鲜度和品质是很关键的。

### （二）中餐宴会

中餐宴会的上菜时机有所不同，冷盘一般在开席前摆好。等顾客入座开席后，服务员要立即通知厨房出菜。当冷盘被吃掉 2/3 时，就要上热炒菜或大菜中的头菜，等头菜被吃后，即可上下一道菜（或汤、面点）。在上最后一道大菜时，服务员应低声告诉副主人菜已上完，询问副主人有无其他要求。

### （三）西餐宴会

西餐宴会的上菜时机是，开席前约 5 分钟上面包，等顾客到齐后或宴会开始后上第一道菜（冷盘）。顾客吃完一道菜或不想吃了，会把餐刀、餐叉、勺并排摆在桌面或食盘上，这时服务员可以撤盘，然后上下一道菜（或汤、面点）。如此边撤边上，直到宴会结束。

### （四）冷餐酒会

冷餐酒会一般在举行前的半小时上齐酒水、菜品。酒会过程中，服务员只需勤斟酒、整理菜台。

## 细节26：讲究上菜的礼仪

上菜看似是一项简单的工作，实则不然，上菜也有一定的技巧，也需要讲究礼仪。上菜的礼仪具体如下。

（1）每上一道菜，都应提醒顾客："对不起，打扰一下，给您上菜！"

（2）应保持标准的站姿，侧身站在顾客的右后边，右脚在前，左脚在后，身体稍微前倾（见图 5-3）。

（3）上菜时一般用一只手上菜。若容器特殊，根据实际情况可以采用双手安全上菜（托盘上菜除外）。端送盘、碟、碗时，要以四指支撑托盘底部，拇指轻按托盘边缘，不可接触食物。

上菜时保持标准站姿，手指不可接触食物

图 5-3　上菜站姿

（4）将菜摆到转盘上时，动作要轻，不可弄出响声。用右手转动转盘，转动转盘时右手五指并拢，用除拇指外的四指指肚顶住转盘边缘按顺时针方向将新上的菜转到主宾面前（见图 5-4）。转动转盘时，如有顾客在夹菜，应稍等一下再转。

用除拇指外的四指指肚顶住转盘边缘按顺时针方向拨动转盘

图 5-4　上菜后转动转盘

（5）菜转到合适位置后，服务员后退一步，右手拇指微曲，四指并拢伸直，指向刚上的菜品并报出菜名，请顾客慢用，声音要轻柔、清晰，能让顾客听清楚，如"这是您点的 ×× 菜，请慢用"。切忌边上菜边介绍。

小提示

对一些有特点的菜品，要向顾客简单介绍该菜品的特点和风味；对于某些特殊的菜品，还应介绍其食用方法。

（6）上菜时不能从顾客的头上过，餐具应低于顾客的肩膀，上菜时应视情况提醒顾客予以必要的配合。

服务员必须具备较强的记忆力与组织能力，以便有效、快速地服务各桌顾客。离开服务区域到厨房时，须注意顾客是否有需求。常注意顾客是非常重要的，这不仅有利于随时发现顾客的需求，也可使顾客知道服务员随时都在关心他们。

相关链接

## 上菜服务的注意事项

（1）检查自己的双手、指甲（不能留长指甲，更不能涂有色指甲油）是否干净。

（2）端菜上桌时，要确认自己已经将盘子拿稳，不会倒翻。

（3）确认手指未触碰到食物。

（4）每上一道菜都要向顾客报菜名。

（5）上菜前要查看菜里有无异物，查看菜的色泽、摆放、新鲜程度。有问题的马上退回厨房处理，严禁在顾客面前做吹菜、翻菜等动作。

（6）不能从主位两侧上菜，否则会影响主宾的活动（如敬酒、演讲、劝菜等）；也不能从老人、孩子两侧上菜，防止突然碰撞。

（7）不要一股脑儿地把菜上齐，也不要让顾客久坐等下一道菜。

（8）新上的菜应放在主宾与主人中间，将之前上的菜移至副主宾面前或其他位置。

（9）一般大菜、高档菜、盛放在大盘子里的菜、新上的菜都可放在桌子的中间，其他的小盘菜、小碟菜放在转盘的边缘位置。当菜上完时，服务员应提醒顾客："你们点的菜上齐了。"

（10）上菜时不应打断顾客的谈话，当顾客正在讲话或相互敬酒时，应停顿一会儿，等顾客结束讲话或敬酒后再上菜，不要破坏气氛。

（11）上菜时要调整好位置后再上菜，先上调料后上菜，调料放在菜的右下侧（如果有两种调料，一左一右放置）。注意向顾客说明调料的作用。

（12）热菜须趁热上桌，凉菜须趁冷上桌。加盘盖的菜在上桌后才能打开盖盘（打开后盖口立即朝上，以防滴水；油炸食物不可加盖），以维持食物应有的品质。

（13）凡要上桌的杯盘都须预先擦拭底部，尤其是刚从厨房端出来的菜盘或餐盘，并且要注意杯口或盘缘是否干净，其他上桌的物品也一样。杯口不净须立即更换，菜盘边缘不净则可以服务巾擦净。

（14）"同步上菜、同步收拾"是餐厅服务的原则之一，如果顾客没有特别的要求，那么对于同一组顾客，同一种菜应同时上桌，如有人少点一项，仍须等大家都吃完这一项之后，才能同时上下一道菜给他。

（15）上完一道菜后，在同桌顾客即将吃完这一道菜时，服务员就须从厨房端出下一道菜放在服务桌上，这样才能在收拾好上一道菜的残盘后，立即上下一道菜。

（16）如果厨房无法及时出菜，可预先收拾残盘，但绝不可让顾客吃完一道菜后久久看不到服务员的踪影。预先收拾残盘的做法，除可以保持桌面整洁外，也可避免顾客产生被忽视的感觉。

（17）对于有骨头或甲壳的菜品，可以每 2～4 位顾客供应一个骨碟，让顾客放置骨头或甲壳，并且随时更换，以免不够用或影响观感。

（18）上热汤、热咖啡、热茶或其他有热汁的菜时要特别小心。为了防止意外，上桌或收拾时，要说声"对不起"，这样做不仅可以表现礼貌，也可提醒顾客有人要来服务了。

## 细节27：谨遵上菜的顺序

### （一）中餐上菜顺序

中餐上菜的一般顺序是：先冷盘，后热炒、接着是大菜、汤，中间穿插面点，最后上水果。具体如下。

（1）第一道菜为冷盘。在开席前几分钟端上桌为宜。顾客入座开席后，服务员即通知厨房出菜。

（2）当顾客吃掉2/3左右的冷盘时，就上第一道炒菜（在上炒菜前，应更换一次骨碟），把新上的菜放在主宾前面，将没吃完的冷盘移向副主人。其后几道炒菜用同样方法依次端上，但需注意前一道菜还未动筷时，应通知厨房不要炒下一道菜。若顾客进餐速度快，就应通知厨房快出菜，防止出现空盘、空台。

（3）炒菜上完后，上第一道大菜前，应换下用过的骨碟。

（4）第一道大菜上完后，视情况上一道点心或上第二道大菜。

（5）在上完最后一道大菜和即将上汤时，应低声提醒顾客菜已上完。

> **小提示**
> 由于我国菜系繁多，很多地方的上菜顺序并不完全相同，这就要根据宴席的类型、特点和需要，因人、因时、因事而定，特殊情况特殊处理。

### （二）西餐上菜顺序

西餐上菜顺序与中餐不同。西餐上菜顺序是先由厨师将菜装在一只专用的派菜盘内，由服务员分派。派菜时，应该站在顾客的左边，左手托盘，右手拿叉匙分派。西餐的派菜次序是女主宾、男主宾、主人和其他客人。西餐宴会的菜品，由于标准和要求不同，道数有多有少。以下介绍西餐宴会的一般上菜顺序和方法。

1. 上面包和黄油

将面包装在小方盘内，盖上洁净的餐巾，另用小圆盘装上与顾客人数相等的黄油，在开席前 5 分钟左右派上；黄油放在盘子右上角，面包放在盘子中间，用餐巾盖住面包，黄油刀移到黄油盅上。

2. 上果盘

果盘是一盘冷菜，应放到顾客左侧，由顾客自己选取。如果是水果杯，将水果杯放在座位前的点心盘内，将勺子放在盘内。这些工作必须在顾客进入餐厅之前做好。

如果顾客将刀叉并排放在果盘上，就表示不再吃了（西餐刀叉摆放含义见图 5-5）。在多数顾客这样表示后，就可以开始收盘。收盘时应使用小方盘，左手托盘，右手收盘，在顾客左边进行。第一只盘放在托盘外侧，刀叉集中放在托盘的一侧，托盘内侧叠放其余的盘子，将余菜都集中在第一只盘内，这样容易叠平多收菜盘，较易掌握重心。

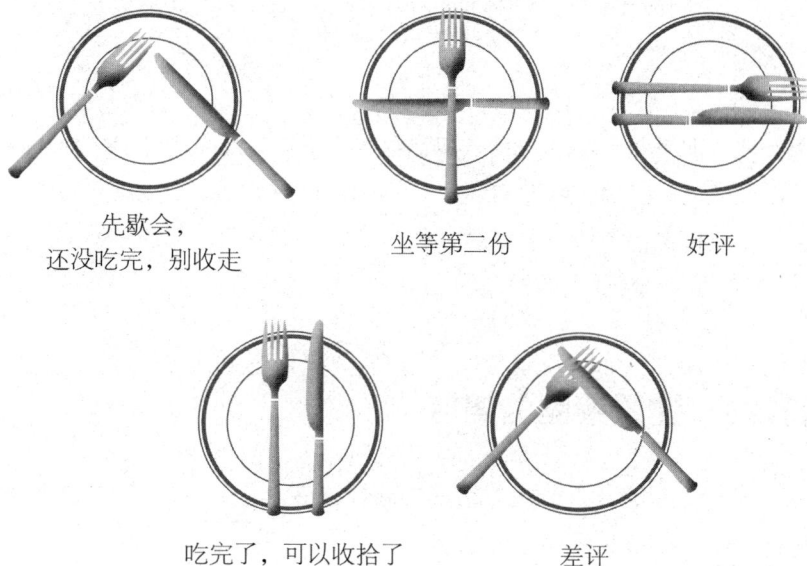

先歇会，
还没吃完，别收走

坐等第二份

好评

吃完了，可以收拾了

差评

**图 5-5　西餐刀叉摆放含义**

3. 上汤

西餐的汤分热汤和冷汤两种，热汤又分清汤和浓汤两种。汤须盛于汤斗内，运至落台再分派。清汤的盛器是带有二耳的清汤杯，浓汤用汤盆盛装。夏季多用冷清汤，须将清汤杯提前冰得很冷。放置清汤杯时应垫上点心盘，将清汤匙放在汤杯底盘内。浓汤须用汤盆盛装，上汤前要垫上底盘，手应端着底盘盘边，手指不可触及汤汁。

4. 上鱼

鱼有多种，烹调方法也不相同，有些鱼要搭配沙司，分盘的鱼应搭配的沙司要放在盘内，不必另派。

5. 上副菜

副菜又称小盘，具有量轻、容易消化的特点。吃副菜用鱼盘和中刀叉。

6. 上主菜

主菜又称大盘，搭配蔬菜和卤汁。在派好大盘后，紧接着上蔬菜和卤汁。此外，还搭配沙拉（主要是生菜）。盛主菜应使用大菜盘，盛沙拉应使用半月形的生菜专用盘，一般放在菜盘前面。

7. 上点心

点心的品种很多，吃不同的点心所用的餐具也不同。吃热点心一般用点心匙和中叉，吃烩水果用茶匙。吃冰激凌，应将专用的冰激凌匙放在底盘内同时端上去。

8. 上奶酪

奶酪一般由服务员分派。先给一只银盘垫上餐巾，放置几种干酪和一副中刀叉，在另一只盘中摆上一些面包或苏打饼干，送到顾客左手侧，由顾客挑选。顾客吃完干酪，服务员应收去台上所有餐具和酒杯，只留一只水杯（如来不及收，酒杯可暂时不收），并清理干净台面上的面包屑等。

## 细节28：注重菜品的摆放

摆菜就是将上台的菜按一定的格局摆放好，讲究造型美，以方便食用为宜。摆菜时要注意礼貌、尊重主宾。

### （一）摆菜的要求

（1）摆菜的位置适中。若顾客散坐，要将菜摆在小件餐具前面，间距要适当。若一桌有几批散坐的顾客，各批顾客的菜盘要相对集中，相互之间要留有一定间隔，以防出错。中餐酒席摆菜，一般从餐桌中间向四周摆放。

（2）中餐酒席的大拼盘、大菜中的头菜一般摆在桌子中间。

（3）比较高档的、有特殊风味的菜，每上一道菜，要先摆到主宾前面，上下一道菜后顺势撤摆在其他地方，调整桌上菜品位置，使台面始终保持美观。

（4）酒席中头菜的正面要对正主位，其他菜的正面要朝向四周。

（5）遵循"鸡不献头，鸭不献尾，鱼不献脊"的传统习惯，即上鸡、鸭、鱼一类的菜时，不要将鸡头、鸭尾、鱼脊对着主宾，而应当将鸡头与鸭尾朝右边放置。上整鱼时，由于鱼腹的刺较少，肉鲜味美，因此应将鱼腹而不是鱼脊对着主宾，以示对主宾的尊重。

**案例解析**

**鱼上桌，该怎么摆放**

某日，某餐厅迎来了一桌顾客。王先生请他多年未见的朋友李先生一行到酒店用餐。席间佳肴美酒，朋友情深，氛围大好。临近席末，传来压席菜海参斑，服务员小张按照上菜程序将鱼上桌并转到主宾李先生前面。王先生不高兴了，呵斥服务员："怎么搞的，你不知道要把鱼头对着主宾吗？"服务员小张是老员工，彬彬有礼道："先生，这道海参斑是我们餐厅的特色菜，鱼腹的刺少，肉鲜味美，所以将鱼腹对向主宾，同时也代表你们之间推心置腹，关系深厚。"小张一席话，让王先生、李先生都心情大好。

【解析】

　　一些顾客十分讲究摆菜的位置。餐桌服务是一门细致而讲究的工作，摆菜听起来很简单，但里面包含了摆放的艺术，还有风俗讲究。

## （二）对称摆菜

（1）各种菜品要对称摆放（见图5-6），要讲究造型美。菜盘的摆放形状一般是：两道菜可并排摆成横一字形；一菜一汤可摆成竖一字形，汤在前，菜在后；两菜一汤或三道菜可摆成品字形，汤在上，菜在下；三菜一汤可以汤为圆心，菜沿汤摆成半圆形；四菜一汤，汤放中间，菜摆在汤四周；五菜一汤，以汤为圆心，将菜摆成梅花形；菜品在五种以上都以汤或头菜或大拼盘为圆心，摆成圆形。

图 5-6　对称摆菜示意

（2）同形状、同颜色的菜可相间或对称摆在餐台的上下或左右位置上，一般不并排摆在一起。

（3）摆放时注意荤素、颜色、口味的搭配和间隔，盘与盘之间距离要相等。

（4）如果有的热菜使用长盘，盘子的长边要朝向主人。

## 细节29：特殊菜品的上法

对于一些用特殊工艺制作或用特殊器具盛放的菜品，上菜方法也有讲究。具体如下。

### （一）上拔丝菜

用汤碗盛装热水，将装拔丝菜（见图5-7）的盘子搁在汤碗上用托盘端送上席，并跟凉开水数碗。托热水上拔丝菜，可防止糖汁凝固，保持拔丝菜的风味。

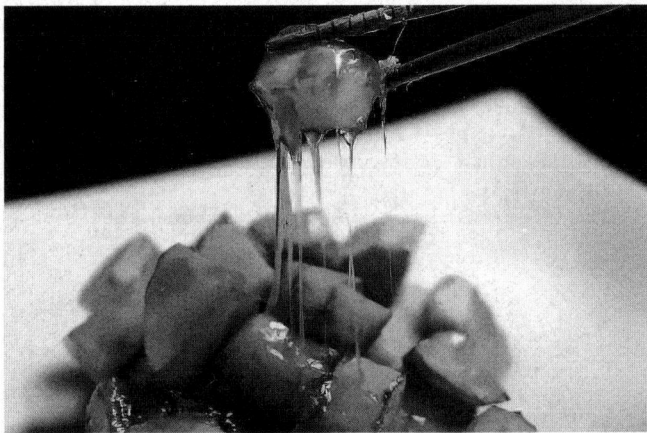

图5-7　拔丝菜

### （二）上热菜跟佐料

佐料应同热菜一起上齐，并在上菜时简单说明。

### （三）上易变形的爆炒菜

爆炒菜一出锅就应立即端上餐桌。端菜要稳，以保持菜的形状。

### （四）上有声响的菜

有些菜如锅巴菜，一出锅就要以最快速度端上桌，随即把汤汁浇在锅巴上，使之发出响声。这一系列动作要连贯，否则此菜将失去应有效果。

### （五）上原盅炖品菜

将原盅炖品菜上桌后要当着顾客的面启盖，以保持炖品的味道，并使香气在席上散发。揭盖后立即将盖翻转，以免汤水滴落在顾客身上。

### （六）上泥包、纸包、荷叶包的菜

要先把泥包、纸包、荷叶包的菜拿给顾客观赏，再拿到操作台当着顾客的面打破或启封，以保持菜的香味和特色。

### （七）上生焖火锅

四生火锅、六生火锅、八生火锅、毛肚火锅均属于生焖火锅。此类火锅的上席方法和要求基本相同。这里仅简要介绍上四生火锅。

1. 准备工作

将火锅拿到工作台后，在上席前掀开锅盖，检查质量和卫生，然后用大汤瓢舀出适量的汤，盛于大汤碗内，以防上席后加主、配料时汤汁溅出。在四生碟中放一点米酒，轻轻晃动，使酒浸润碟底，避免原料因干燥而粘在碟子上。这样做可顺利将原料拨进火锅。

2. 将锅盖盖好后上桌

上桌时，火锅下要放一个盛水的盘子，以防烤焦台布。上桌摆稳后，先点燃锅底的酒精炉，后将锅盖揭起来。揭盖时要轻轻揭起，在火锅正上方将锅盖翻转，以防止锅盖上的水珠滴到桌面上，并用另一只手将锅盖拿出桌外。

3. 上四生碟

如果四生碟是花色拼盘，须在上火锅前摆在桌上。如果是一般的拼盘，在上桌时摆在火锅四周即可。

4. 加入四生原料

待汤烧开后，先把配料放进火锅，如白菜、粉丝，再按烹熟各主料所需的时间，按从长到短的顺序依次用筷子将主料拨进火锅，随即用筷子搅散。

环节 6　分菜服务

分菜服务是指在顾客观赏菜品后由服务员主动为所有顾客分菜、分汤，也叫派菜或让菜。西餐中的美式服务不要求服务员掌握分菜技术，俄式服务要求服务员有较高的分菜技术，法式服务要求服务员有分切技术。分菜服务既能体现服务员的工作态度，又能反映餐厅的服务水平。

服务员在为顾客分菜时要注意图 6-1 所示的事项。

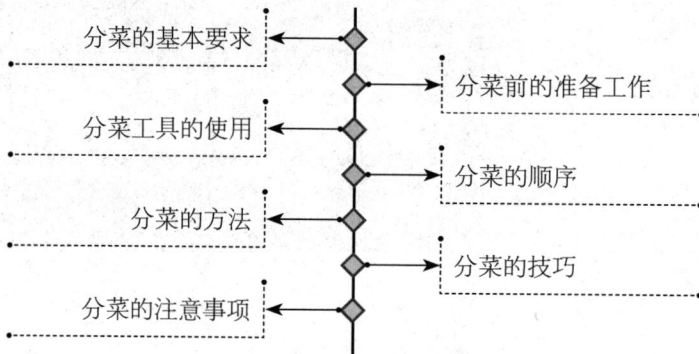

图 6-1　分菜服务的注意事项

## 细节30：分菜的基本要求

（1）向顾客展示菜品，并介绍名称和特色后，方可分菜。在大型宴会上，服务员的分菜方法应一致。

（2）分菜时要留意菜的质量和菜内有无异物，及时将不合标准的菜送回厨房更换。此外，应将有骨头的菜品（如鱼、鸡等）中的大骨头剔除。

（3）分菜时要心细，掌握好菜的份数与总量，做到分派均匀。

（4）凡配有佐料的菜，在分派时要先沾（夹）上佐料再分到餐碟里。

（5）在分汤后为顾客换一条新毛巾，分菜的托盘要既美观又干净，不要将菜汁滴落在盘上。

### 细节31：分菜前的准备工作

在将菜品端上餐台之前，看台服务员要准备好分菜所用的各种餐具及用具。

#### （一）分菜餐具的准备

分炒菜前，应按顾客的人数准备相应数量的骨碟；分汤菜前，应准备分汤菜所需的相应数量的汤碗与长把汤匙；分蟹类菜前，应按相应的人数准备骨碟与蟹钳等。

#### （二）分菜用具的准备

应将分菜所需的用具准备齐全，如分菜所需的餐刀、餐叉、餐勺、筷子、汤匙及垫盘、餐巾等。

#### （三）菜品展示

传菜员将菜由厨房送至前厅后，看台服务员在分菜前应将菜端到顾客面前（或放在餐台上或端托在手上）向顾客展示。展示的同时，要向顾客介绍菜的特点、烹调方法等有关内容。

展示菜品时，服务员应将菜的正面朝向顾客，按顺时针方向徐徐转动转盘，将菜展示一周后，再将菜分给顾客；如端托盘展示，应用左手端托盘，右手扶托盘，将菜托至与餐台相同的高度，服务员站立的位置应是主宾或主人的最佳观赏区，同时也要方便其他顾客观赏，如可选在主人或主宾斜对面进行菜品展示。

顾客观赏完毕后，方可进行分菜服务。服务员先说礼貌用语"请稍等，我来分一下这道菜"，然后进行分派。

### 细节32：分菜工具的使用

#### （一）分菜工具的种类

（1）中餐分菜工具有分菜叉（服务叉）、分菜勺（服务勺）、公用勺、公用筷、长把勺等。

（2）俄式服务的分菜工具为叉与勺，通常以不锈钢材质为主。

（3）法式服务的分切工具为服务车、分割切板、刀、叉、勺。

## （二）使用方法

1. 中餐分菜工具的使用方法

（1）服务叉、服务勺的使用方法有以下几种。

① 指握法。将一对服务叉勺握于右手，叉子在上方，勺子在下方且正面朝上，横拿服务叉勺，轻握住叉勺的柄，将食指放在叉勺之间，用食指与拇指握住叉子（见图6-2）。

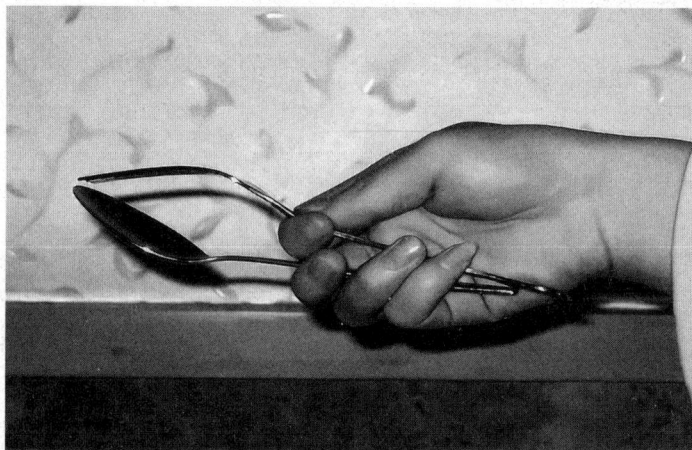

**图 6-2　指握法示意**

② 指夹法。将一对叉勺握于右手，叉子在上方，勺子在下方且正面朝上，中指及小指在服务勺下方，无名指和食指在服务勺上方，共同夹住服务勺，用食指与拇指握住服务叉（见图6-3）。

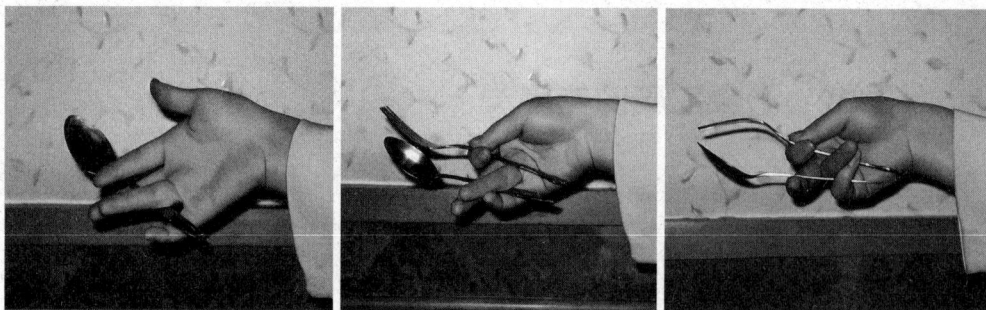

**图 6-3　指夹法示意**

③ 右勺左叉法。右手握住服务勺，左手握住服务叉，左右来回移动叉勺，适用于派送体积较大的食物（见图 6-4）。

图 6-4　右勺左叉法示意

（2）公用勺与公用筷的用法。服务员站在与主人位置成 90° 角的位置上，右手握公用筷，左手持公用勺，双手相互配合将菜分到餐碟之中。

（3）用长把勺。分汤菜时需与公用筷配合操作。

2. 俄式服务分菜用具的使用方法

一般勺在下，叉在上。右手的中指、无名指与小指夹持勺，拇指与食指控制叉，五指并拢，相互配合。

3. 法式服务分菜工具的使用方法

（1）分主料：将要切分的菜取放到分割切板上，再把分割切板放在服务车上。分切时，左手拿叉压住菜的一侧，右手用刀分切。

（2）分配料、配汁：用叉勺分，勺子正面朝上，叉子底部朝向勺心，即叉勺扣放。

## 细节33：分菜的顺序

中餐分菜的顺序应该是主宾、副主宾、主人，然后依次按顺时针方向进行，菜碟由服务员从顾客的左侧送到顾客的面前。在实际操作中，一般按照先主宾后主人、按顺时针方向绕台的顺序进行分菜。

相关链接

## 中餐宴会上的分菜顺序

中餐宴会每个餐桌通常安排 10 ～ 12 个席位,为清楚地介绍服务员分菜的顺序,可以借用时钟的 12 个钟点标示餐桌位置。

(1)服务员站在 11 点钟至 12 点钟的中间,先服务 11 点钟位置的主宾,再服务 12 点钟位置的主人。一次最多只能服务所在位置左右两侧的顾客,不可跨越邻座分菜。

(2)服务员将服务叉匙置于左手的骨盘上,再以右手轻轻转盘,将菜盘以顺时针方向转至 1 点钟及 2 点钟之间的位置,服务员站在中间,先后服务坐在 1 点钟位置及 2 点钟位置的顾客。

(3)以同样方式将菜盘转到 3 点钟及 4 点钟之间的位置,服务员站在中间,先服务 3 点钟位置的顾客,再服务 4 点钟位置的顾客。

(4)以同样的方式将菜盘按顺时针方向转至 5 点钟及 6 点钟的中间,服务员站在中间,先服务 5 点钟位置的顾客,再服务 6 点钟位置的顾客。以同样的方式将菜盘转到 7 点钟与 8 点钟之间的位置,服务员站在中间,先服务 7 点钟位置的顾客,再服务 8 点钟位置的顾客。

(5)以同样方式将菜盘转到 9 点钟及 10 点钟之间的位置,服务员站在中间,先服务 9 点钟位置的顾客,再服务 10 点钟的顾客。分菜工作就完成了。

## 细节34:分菜的方法

分菜主要有以下几种方法。

### (一)桌上式

服务员站在顾客左侧,左手托盘,右手拿叉与勺,将菜从顾客的左边派给顾客。这种分菜方法一般适用于分热炒菜与点心。

### (二)二人合作式

由两位服务员配合操作,一位服务员右手持公用筷,左手持长把勺,另一位服务员将每位顾客的餐碟移到分菜服务员近处,由分菜服务员分派,另一位服务员从顾客左侧为顾客送菜。

## (三)旁桌式

先通过转盘向顾客展示菜品,然后服务员将菜端至备餐台,将菜分派到顾客的餐盘中,然后将各个餐盘放入托盘,托送至餐桌边,用右手从顾客的左侧放到顾客的面前。这种分菜法一般适用于宴会。

**相关链接**

## 特殊情况下的分菜方法

特殊情况主要包括特殊宴会和特殊菜品。

**1. 特殊宴会中的分菜方法**

(1)顾客只顾谈话而冷落菜品。如果遇到这种情况,服务员应抓住顾客谈话间隙,向顾客介绍菜品并以最快的速度完成分菜。

(2)主要顾客带儿童赴宴。先分菜给儿童,然后按常规顺序分菜。

(3)老年人多的宴会。采取快分慢撤的方法进行服务。分菜可分为两步,即先少分,再添分。

(4)外事会晤宴会。应照顾好主宾和翻译,将易食和骨刺少的部分分给他们。

**2. 特殊菜品的分菜方法**

特殊菜品的分菜方法如下。

(1)汤类菜品的分菜方法。先将盛器内的汤分到顾客的碗内,然后再将汤中的原料均匀地分入顾客的汤碗。

(2)造型菜的分菜方法。将造型菜分给每位顾客时,如果造型较大,可先分一半,处理完上半部分再分其余的一半。也可将可食用的造型均匀地分给顾客,不可食用的应在分完菜后撤下。

(3)卷食菜的分菜方法。一般由顾客自己取拿卷食。如果老人或儿童较多,需要分菜,可采用以下方法:将餐碟摆放于菜周围;放好卷饼,然后逐一将被卷物放于卷饼上;最后逐一卷上并送到每位顾客面前。

(4)拔丝菜的分菜方法。由一位服务员分菜,另一位服务员将分好的菜快速递给顾客。

### 细节35：分菜的技巧

#### （一）分鱼技巧

1. 准备分鱼所需的餐具

将两个骨盘、餐刀、服务叉匙摆在餐桌上或转盘上，一个骨盘用来摆鱼骨头，另一个骨盘用来放餐刀、服务叉匙。服务员应确认顾客面前的骨盘是干净的。

2. 分鱼

（1）将整盘全鱼摆上桌时，准备先去骨。

（2）左手持服务叉，右手持餐刀，以服务叉辅助，固定鱼身，用餐刀切断鱼头及鱼尾。

（3）将餐刀插入鱼腹，从头到尾将鱼横剖开，再沿鱼身中心线从头到尾深切，切至鱼骨。

（4）用餐刀及服务叉匙将从鱼背到鱼身中心线的鱼肉向上翻开，将鱼腹到鱼身中心线的鱼肉向下翻开。

（5）用服务叉轻压鱼尾处的鱼骨，将餐刀插入鱼骨下方，从尾到头横切，剔下鱼骨。

（6）用服务叉及餐刀将整条鱼骨取出，放在一旁空骨盘上，换成右手持服务叉匙，将盘中汤汁淋在鱼肉上，再将鱼背肉及鱼腹肉翻回原位。

（7）将鱼转至主宾位置开始分鱼，先主宾后主人。

（8）右手持服务叉、服务匙，夹取适量鱼肉及调味料，放在顾客面前干净的骨盘中，再以服务匙淋上汤汁。

（9）适时询问是否有想吃鱼头的顾客，将鱼头分配给想吃的顾客。

（10）若鱼肉未分完，可先将盛装服务叉匙及鱼骨头的骨盘取走；若鱼肉已分完且鱼头没人吃，则可征求顾客同意，先将鱼盘端走，再以托盘拿走盛装服务叉匙及鱼骨头的骨盘；若有顾客想吃鱼头，则取一干净骨盘，将鱼头分到骨盘中，再端走鱼盘。

（11）去骨时不可将鱼肉弄碎；分鱼时不可将汤汁滴到桌面上，要善于用餐巾来协助分鱼。

> **小提示**
>
> 要平均分配鱼肉，不要一开始分太多，以免造成最后不够分。

### （二）分汤技巧

中餐必定会有一道炖汤炖盅类菜品，内含丰富食材。在为顾客分汤时，如何才能做到汤料兼顾？那就必须掌握分汤技巧。

1. 准备分汤服务所需餐具

将两个骨盘、分汤匙、服务叉匙及汤碗摆在餐桌或转盘上，一个骨盘用来放分汤匙、服务叉匙，另一个骨盘用来协助分汤，汤碗分别摆放在汤四周。

2. 分汤

（1）站在主人右手边，准备分汤。以右手持服务叉匙，左手持骨盘，将汤内主菜及配菜夹起，以盘就叉匙，平均分到汤碗中，再以右手持分汤匙，左手持骨盘，将汤舀起，以盘就匙，放入汤碗，以八分满为宜（见图 6-5）。

（2）分完之后，以托盘将骨盘及服务叉匙收走，留下分汤匙供顾客使用。

服务员右手持分汤匙，将汤舀起，盛入汤碗，约八分满

图 6-5　分汤

### （三）分羹技巧

分羹的方法与分汤的方法类似，但是羹类的汤汁较浓稠，且多半会搭配名贵食材。因此分羹时要注意平均分配名贵食材。其步骤如下。

1. 准备分羹服务所需的餐具

将两个骨盘、分汤匙、服务叉匙、汤碗摆在餐桌上或转盘上，一个骨盘用来放分汤匙、服务叉匙，另一个骨盘用来协助分羹，汤碗分别摆放在羹四周。

2. 分羹

以右手持服务叉匙，左手持骨盘，将羹内垫底配菜夹起，以盘就叉匙，适量分

到汤碗中，再夹取部分主菜，以盘就叉匙，铺放在碗内的垫底配菜上面，再以右手持分汤匙，左手持骨盘，将部分汤汁舀起，以盘就匙，将汤放入汤碗中，以八分满为宜。最后将分汤匙放回骨盘。分羹从主宾开始，先主宾后主人。

分羹时可询问顾客是否需要加醋或其他调味品，分完之后，用托盘将骨盘及服务叉匙收走，留下分汤匙供顾客使用。

### （四）分饭（面）技巧

在中式餐厅里，常会遇到顾客点炒饭、炒面的情况，服务员在上菜之后，必须为顾客分派，如此一来，可免除顾客在夹取盛装时的不便与麻烦。其步骤如下。

1.准备分饭（面）服务所需的餐具

骨盘、服务叉匙与汤碗。

2.分饭（面）

（1）上菜前或上菜的同时，将骨盘、服务叉匙与汤碗摆在餐桌上或转盘上，上菜后，先从主宾处开始分饭（面）：右手持服务叉匙，左手持汤碗，以服务叉匙准确夹取饭（面），将适量的饭（面）均匀地放入汤碗，将八分满的饭（面）碗端放在顾客面前。

（2）在分配过程中，要避免手触碰到饭（面），以确保安全卫生。

（3）夹取盛装时，若饭（面）掉落或汤汁洒在桌面上，须在分完之后立即用干净餐巾擦拭干净，以免弄脏顾客衣物。

（4）分饭（面）时，开始不要分派太多，以免最后不够分。

## 细节36：分菜的注意事项

### （一）保持卫生

不得将掉在桌上的菜拾起再分给顾客；手拿餐碟的边缘，避免接触食物。

### （二）动作利索

服务员要在保证分菜质量的前提下，以最快的速度完成分菜工作。分菜时，使用叉勺时要干净利索，切忌在分完菜后菜已凉。

### （三）分量均匀

分菜时，服务员必须先估计每位顾客所分的量，宁可少分一点，也要避免最后不够分。替全部顾客分完菜以后，如果菜还有剩余，应将餐盘稍加整理，然后将服务叉匙放在骨盘上，待顾客用完后自行取用或由服务员再次服务。原则上，服务员可主动再次服务先食用完的顾客，并不需要询问顾客需不需要再来一些。如果顾客觉得不需要，自然会拒绝，询问反而会使其感到为难。

### （四）跟上佐料

对于搭配佐料的菜品，分菜时要跟上佐料，并略加说明。

### （五）预留空间

若要在转盘上分汤或多汁菜品，服务员在菜未上桌前须从主人右侧将小汤碗摆在转盘边缘，并预留菜或汤的放置空间，待端上菜后，立即站在原位将菜或汤分于小汤碗中，分完后再轻轻旋转转盘，将小汤碗送至主宾前。服务员协助顾客拿取小汤碗后，若发现玻璃转盘上滴有汤汁，须立即用预先准备的湿毛巾擦拭干净，以免影响顾客胃口。

环节 7　**酒水服务**

酒水服务要求服务员掌握一定的技术和技巧，正确、迅速、简洁、优雅的酒水服务可以让顾客得到精神上的享受，同时会大大促进消费。

一般来说，酒水服务的内容如图 7-1 所示。

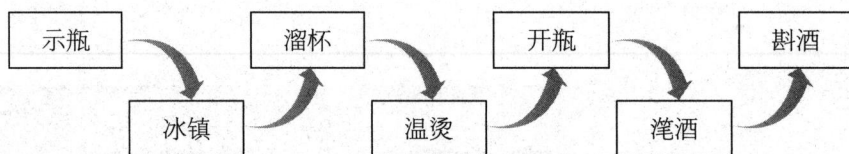

```
示瓶 ──→ 溜杯 ──→ 开瓶 ──→ 斟酒
  ↓        ↑         ↓        ↑
冰镇 ──────┘ 温烫 ─────┘ 滗酒 ────┘
```

图 7-1　酒水服务的内容

## 细节37：示瓶

若顾客点整瓶酒，在开启之后应让顾客过目，即示瓶。

### （一）示瓶的作用

（1）标志开始提供酒水服务。

（2）表示对顾客的尊重。

（3）核实有无差错。

（4）证明酒品的可靠性。

### （二）示瓶的方法

（1）服务员站于主人右侧，左手托瓶底，右手扶瓶颈，将酒瓶倾斜 30°，酒标面向顾客，让其辨认酒标、酒名、产区、年份、瓶口完整与否（见图 7-2）。

（2）待顾客确认后，方可进行下一步的工作。

（3）如果没有得到顾客的认同，则去酒窖更换酒品，直到顾客满意为止。

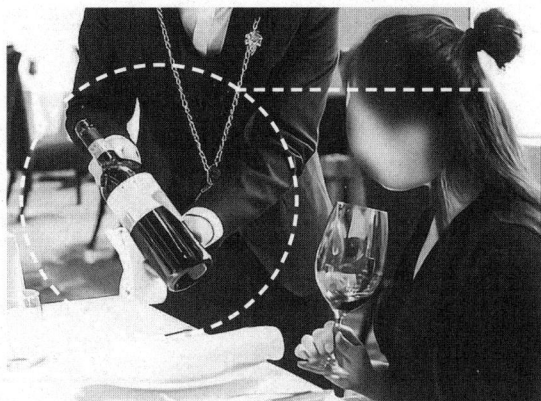

酒标面向顾客展示酒瓶，让其确认

图 7-2　示瓶

### 细节38：冰镇

许多酒品的最佳饮用温度低于室温，这就要求对酒品进行降温处理，比较名贵的瓶装酒大都采用冰镇的方法来降温（见图7-3）。冰镇的方法有加冰块、加碎冰和冷冻等。

冰镇的程序为：在冰桶中放入中型冰块或冰水共溶物，将酒瓶斜插入冰桶，十多分钟后可达到降温效果。用盘子拖住桶底，连桶送到顾客餐桌上，可用一块布巾搭在瓶身上。

将酒瓶擦拭干净后放在冰桶内冰镇

图 7-3　冰镇

### 细节39：溜杯

溜杯是一种集表演性与技巧性于一体的降温方法。操作者手持杯脚，杯中放入冰块，然后转动杯子，冰块因离心力的作用在杯内壁溜滑，使杯壁的温度降低。

## 细节40：温烫

有些酒品的最佳饮用温度高于室温，这就要求对酒品进行温烫。常用的温烫方法有四种，如表7-1所示。

表7-1　温烫酒品的方法

| 方法 | 说明 |
|---|---|
| 水烫 | 将饮用酒倒入烫酒器，然后置入热水中，使其升温 |
| 火烤 | 将酒装入耐热器皿，置于火上烧烤，使其升温 |
| 燃烧 | 将酒盛入杯盏，点燃酒液，使其升温 |
| 冲泡 | 将沸滚饮料（水、茶、咖啡等）冲入酒中，或将酒注入热饮料 |

相关链接

# 酒品的温度服务

### 1. 白酒的温度服务

中国白酒讲究烫酒。普通的白酒用热水烫至20℃～25℃后给顾客饮用，可以去酒中的寒气。但名贵的酒如茅台、汾酒一般不烫，目的是保持其原味。

西方白酒可应顾客要求加冰块，一般于室温下净饮。

### 2. 黄酒的温度服务

黄酒应温烫至25℃左右。

### 3. 啤酒的温度服务

啤酒的适宜饮用温度是6℃～10℃，饮用前应略微冰镇，但不能太凉，因为啤酒中含有丰富的蛋白质，在4℃以下会产生沉淀物，影响观感。

### 4. 白葡萄酒的温度服务

白葡萄酒应冰镇后给顾客饮用，味清淡者的温度可略高，约10℃；味甜者冰镇至8℃为宜。另外，由于白葡萄酒比红葡萄酒更容易挥发，白葡萄酒在饮用时才可开瓶。饮前把酒瓶放在碎冰内冰镇，但不可放入冰箱，因为急剧的冷冻会破坏酒质及白葡萄酒的特色。

**5. 红葡萄酒的温度服务**

红葡萄酒一般不用冰镇，在室温下饮用，适宜饮用温度为18℃～20℃。饮用前，服务员先开瓶，将酒瓶放在桌子上，使其温度与室内温度相近，酒香洋溢于室内。若室温在30℃以上，要使酒降温至18℃左右再饮用。

**6. 香槟酒的温度服务**

香槟酒必须冰镇后才可以饮用。为了使香槟酒内的气泡明亮，可把香槟酒放在碎冰内冰镇到7℃～8℃再开瓶饮用。

## 细节41：开瓶

服务员斟酒前，先将瓶盖或瓶塞打开，即开瓶。

### （一）开瓶的基本要求

（1）开瓶前应避免酒体晃动，否则汽酒会产生冲冒现象；若为陈酒，会产生沉淀物窜腾现象。

（2）将酒瓶擦拭干净，特别是将塞子屑和瓶口部位擦干净（见图7-4）。

擦拭瓶口，防止碎屑掉进瓶中

图 7-4　将酒瓶擦拭干净

111

（3）检查酒水质量，如发现瓶子破裂或酒水中有悬浮物、沉淀物等，应及时调换。

（4）开启的酒瓶、酒罐应该留在顾客餐桌上，下面需用衬垫，以免弄脏台布。

（5）开瓶后的封皮、盖子等物不要直接放在桌上，应在离开时一并带走。

（6）开瓶后的瓶塞可放在垫有花纸的小盘中，送给顾客检验（见图7-5）。

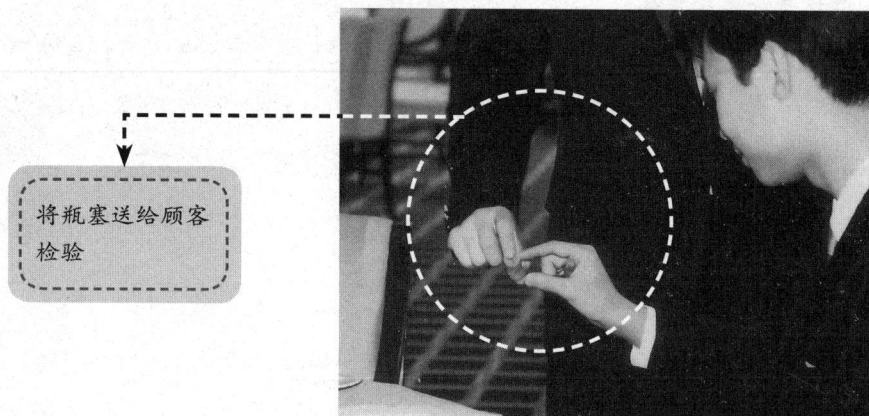

将瓶塞送给顾客
检验

图7-5　让顾客检验瓶塞

在开瓶过程中，动作要轻，以免摇动酒瓶时将瓶底的酒渣带起，影响酒味。开瓶前，应持瓶向顾客展示。

**小提示**

### （二）红葡萄酒的开瓶方法

（1）用酒刀划开封纸，并使用餐巾擦拭瓶口。

（2）将酒钻对准瓶塞的中心处用力钻入，至瓶塞2/3处停止。

（3）以酒刀的支架顶架于瓶口，左手稳住支架，右手向上提把手，利用杠杆原理将瓶塞拔起。

红葡萄酒的开瓶方法如图7-6所示。

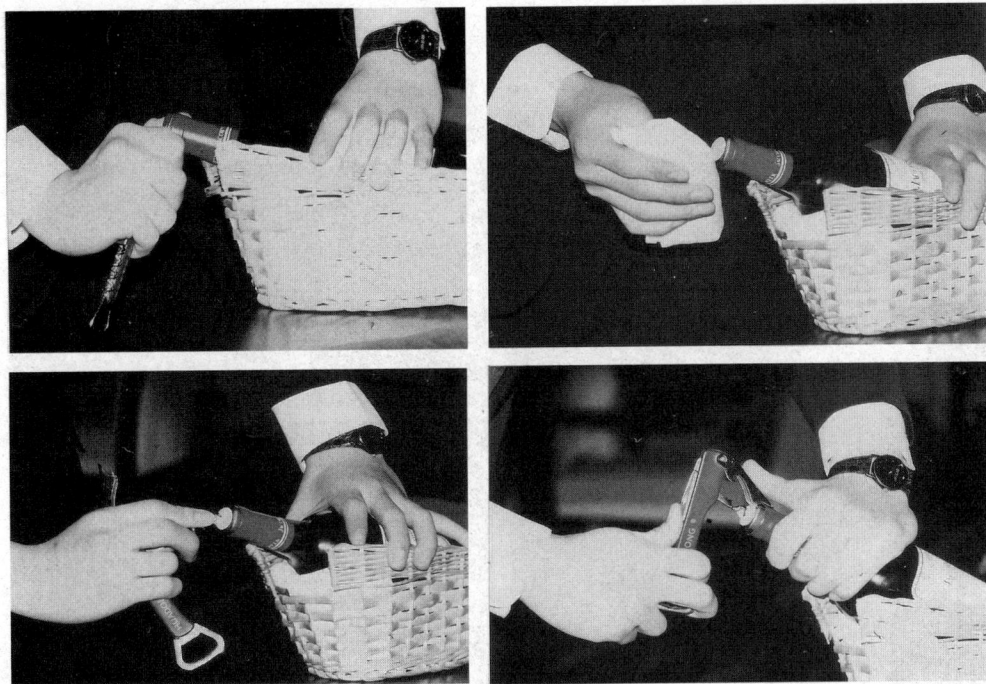

图 7-6　红葡萄酒的开瓶方法

> **小提示**
>
> 　　为了让红葡萄酒更香醇、更柔顺，可以预先开瓶让酒"呼吸"一会儿。其原理是让酒稍微氧化，与空气接触，使其释放香味。红葡萄酒"呼吸"时间一般不应超过 3 小时，陈酒最好在饮用时才开瓶，以免提前开瓶令陈酿独有的香气散逸。

### （三）香槟酒的开瓶方法

（1）首先将瓶口的锡纸剥除。

（2）用右手握住瓶身倾斜 45°，拿着酒瓶并用拇指紧压软木塞，右手将瓶颈外面的铁丝圈扭弯，直到铁丝帽裂开为止，然后将其取掉。同时，用左手紧握软木塞，并转动瓶身，利用瓶内的气压逐渐将软木塞弹挤出来。

（3）转动瓶身时，动作要轻且慢。开瓶时要转动瓶身，不可直接扭转软木塞，以防将其扭断而难以拔出。

（4）开瓶时，瓶口不得朝向顾客，以防在手不能控制的情况下，软木塞爆出。

香槟酒的开瓶方法如图 7-7 所示。

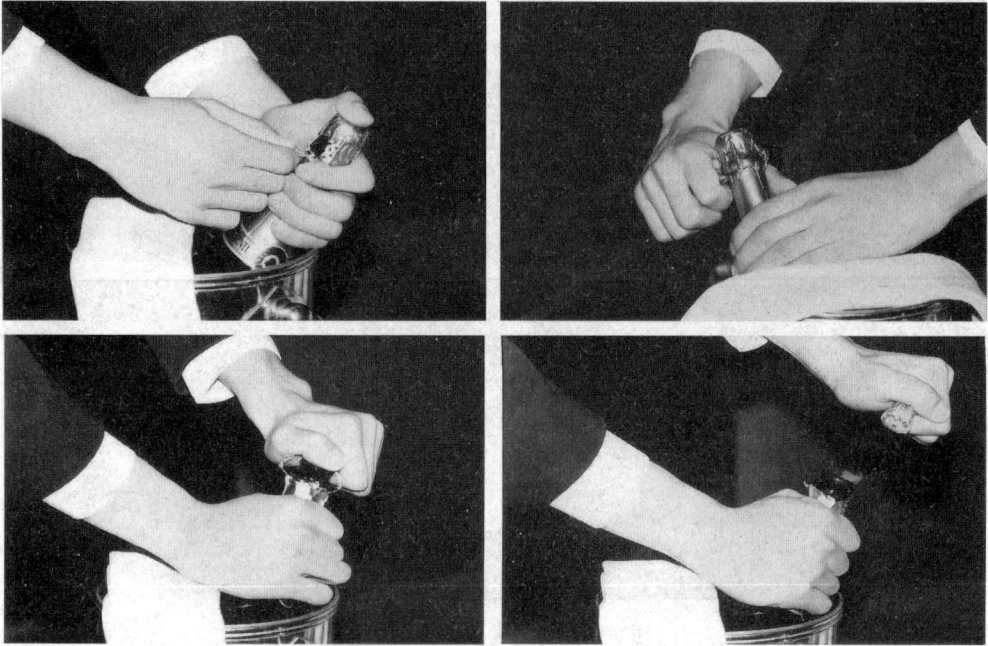

图 7-7　香槟酒的开瓶方法

**小提示**　在顾客面前开启香槟酒时，应该尽量避免瓶塞离瓶时发出响声。

### （四）烈性酒的开瓶方法

根据烈性酒的封瓶方式，其开瓶方法主要有两种。

（1）塑料盖。盖子外部包有一层塑料膜，开瓶时先用火将塑料膜烧熔取下，然后旋转开盖即可。

（2）金属盖。瓶盖下部常有一圈断点，开瓶时要用力拧盖，使断点裂开，即可开盖，如遇断点太坚固，难以拧裂，可先用小刀将断点划裂，然后旋开瓶盖。

### （五）罐装酒的开瓶方法

（1）开启时只要拉起罐顶部的小金属环即可。

（2）服务员在开启罐装酒时，须将开口方向朝外，不能对着任何人，并以手握遮，以示礼貌。

（3）开启前要避免摇晃。

## 细节42：滗酒

陈年红葡萄酒须经过滗酒程序，以防将酒中的沉淀物直接斟入酒杯，影响酒的品质。

滗酒的步骤如下。

（1）先将酒瓶竖直静置 2 小时，准备一光源，以便看清酒液。

（2）服务员用手握瓶，慢慢侧倒，将酒液滗入滗酒器中（见图 7-8）。

（3）遇到含有沉渣的酒液时，应该沉着果断，滗出尽可能多的酒液，剔除沉渣。

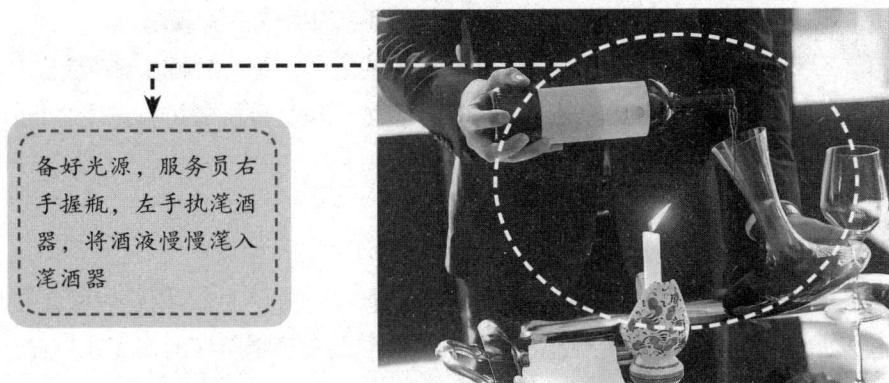

备好光源，服务员右手握瓶，左手执滗酒器，将酒液慢慢滗入滗酒器

图 7-8　滗酒

## 细节43：斟酒

### （一）斟酒的姿势与位置

（1）服务员站在顾客右后侧，面向顾客，用右手斟酒。

（2）身体不要贴靠顾客，要掌握好与顾客之间的距离，以方便斟倒为宜。

（3）身体稍微前倾，右脚伸入两椅之间，这是较佳的斟酒位置。

（4）瓶口与杯沿应保持一定距离，以 1～2 厘米为宜（见图 7-9），切不可将瓶口搁在杯沿上或采取高溅注酒的方法。

图 7-9　斟酒

（5）服务员每斟一杯酒，都应换位置，站到下一位顾客的右后侧。

（6）不得左右手同时斟酒、探身到对面、手臂从顾客正面横越。

（7）若使用酒篮，酒瓶下应衬垫一块餐巾或纸巾，防止斟酒时酒液滴出。

（8）若使用冰桶，从冰桶取出酒瓶时，应以一块折叠好的布巾护住瓶身，防止冰水弄脏台布和顾客衣物。

## （二）斟酒的量

（1）在中餐宴会中，在斟倒各种酒水时，一律以八分满为宜，以示对顾客的尊重。

（2）在西餐宴会中，酒不宜斟太满，一般红葡萄酒斟至杯的 1/2 处为宜，白葡萄酒斟至杯的 2/3 处为宜。

（3）斟香槟酒分两次进行，先斟至杯的 1/3 处，待消泡后，再斟至杯的 2/3 处。

（4）啤酒顺杯壁斟，分两次进行，以泡沫不溢为准。

（5）当顾客杯中酒液不足 1/3 时，应及时添斟。

## （三）斟酒顺序

中餐宴会与西餐宴会的斟酒顺序不完全相同。

1. 中餐宴会的斟酒顺序

从主宾位开始，按顺时针方向斟酒，在顾客右方服务。大型宴会提前 5 分钟斟酒。一般按照酒精度从高到低斟酒。若有两位服务员同时为一桌顾客斟酒，则一位服务员从主宾开始，另一位服务员从副主宾开始，按席位顺时针绕台斟酒。

2. 西餐宴会的斟酒顺序

西餐用酒较多，较高级的宴会一般要用到 7 种酒左右。菜品和酒水的搭配须遵循传统习惯，先斟酒后上菜。斟酒顺序为：女主宾、女宾、女主人、男主宾、男宾、男主人。

### （四）试酒

欧美人在宴请他人时非常讲究斟酒仪式，其中主要的一项便是试酒。试酒的程序如下。

（1）开瓶后，服务员要先闻一下瓶塞的味道，检查酒质。如闻到醋味，则说明酒已经变质。

（2）用干净的餐巾擦拭瓶口，先向主人酒杯中斟少许酒，请主人品尝一下。

（3）主人同意后，按先女客后男客的顺序为顾客斟酒，最后为主人斟酒。

### （五）斟酒注意事项

1. 确定餐位上的酒水杯

为顾客斟酒时，要先征求顾客意见，根据顾客的要求斟倒其喜欢的酒水。如顾客提出不要酒水，应将顾客位前的空杯撤走。如果餐位上缺少酒水杯，应立即补上。

2. 避免将酒水滴在顾客身上

服务员要将酒徐徐倒入杯中。斟到适量时停一下，旋转瓶身，抬起瓶口，使最后一滴酒随着瓶身的转动均匀地分布在瓶口上，这样便可避免酒水滴洒在台布或顾客身上。此外，也可以在每斟完一杯酒后，即用左手所持餐巾把残留在瓶口的酒液擦掉。

3. 斟酒时要控制好速度

瓶内酒量越少，流速越快，酒流速过快则容易冲出杯外。因此，要随时注意瓶内酒量的变化，以适当的倾斜度控制酒液流出速度。斟啤酒的速度要慢些，也可分两次斟或使啤酒沿着杯的内壁流入杯内。

4. 碰倒酒杯后要及时处理

服务员操作不慎或顾客不慎而将酒杯碰翻，服务员应立即向顾客表示歉意或立即将酒杯扶起，检查酒杯有无破损，如有破损，要立即另换新杯。如无破损，要迅速用一块干净餐巾铺在洒落的酒上，然后将酒杯放还原处，重新斟酒。

### （六）顾客敬酒时的注意事项

（1）在顾客开始讲话前要将酒水斟齐，以免祝酒时杯中无酒。

（2）当顾客讲话时，服务员要停止操作，站在适当位置（一般站立在边台两侧）。

（3）顾客讲话结束后，负责主桌的服务员要将讲话者的酒水斟至适宜位置，供祝酒用。

（4）当顾客起立干杯、敬酒时，要帮顾客拉椅；顾客就座时，要将椅推向前。拉椅、推椅时要注意顾客的安全。

（5）顾客离开座位去敬酒时，要将顾客的席巾叠好放在顾客的筷子旁边。

（6）及时添加酒水。随时注意每位顾客的酒杯，剩 1/3 时应及时添加，注意不要弄错酒水。为顾客添加酒水直至顾客示意停止，如果酒水用完，应询问主人是否需要添加。

环节 8　席间服务

在顾客就餐过程中，服务员要勤巡视、勤斟酒、勤撤盘，并细心观察顾客的表情及需求，主动提供服务。

在席间服务过程中，服务员应注意图 8-1 所示的几个细节。

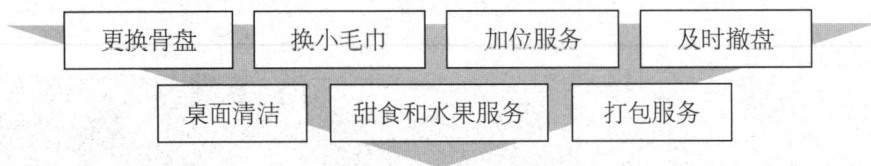

| 更换骨盘 | 换小毛巾 | 加位服务 | 及时撤盘 |
|---|---|---|---|

| 桌面清洁 | 甜食和水果服务 | 打包服务 |
|---|---|---|

图 8-1　席间服务细节

## 细节44：更换骨盘

（1）在顾客用完每道菜后，应更换干净骨盘，收下的脏盘由传菜员上菜后回程时顺便带回。

（2）将干净骨盘放在托盘上，从顾客右侧先将脏盘收起放在托盘上，再从托盘上拿起干净骨盘逐一更换。在托盘上取放骨盘时，须注意保持托盘平稳。

（3）骨盘上还有菜时，更换前应先征得顾客同意。更换骨盘时，如盘上留有汤匙或筷子，则应先放干净骨盘，将汤匙或筷子移于其上后，再收脏盘。

（4）更换骨盘时，如餐桌脏乱，应擦拭整理，收走空菜盘，并调整桌上菜盘的位置，以便用餐。

（5）10 人以上的餐桌宜分 2～3 次更换骨盘。

## 细节45：换小毛巾

### （一）顾客进餐期间提供小毛巾的次数

在顾客进餐的整个过程中，服务员应向顾客提供 4 次小毛巾。

（1）当顾客落座后送第一次。

（2）当顾客吃完带壳、带骨等须用手抓的食物后送第二次。

（3）当顾客吃完海鲜后送第三次。

（4）当顾客吃完甜点后送第四次。

## （二）派送小毛巾

（1）用毛巾夹把小毛巾从保温箱内取出，放在毛巾篮里，送到餐桌边。

（2）用毛巾夹从顾客左边送上小毛巾，放在顾客的毛巾碟内。

## （三）换小毛巾

每次递送之前须先将用过的小毛巾撤下，不能用同一把毛巾夹撤走和递送毛巾。

## （四）递送小毛巾的顺序

递送小毛巾的顺序是先宾后主，女士优先，应使用礼貌用语。

# 细节46：加位服务

## （一）加餐具、餐椅

当就餐人数临时增加时，服务员要立即上前请先到的顾客向两侧挪动，再把补充的餐椅摆在空位上，并请刚到的顾客入座，然后补上相应的餐具；如有孩子就餐，要马上搬来童椅，并抱孩子入座。

## （二）加菜

以上工作做完后，服务员要小声询问主人是否需要加菜，如需加菜，则立即开单并通知厨房。

# 细节47：及时撤盘

## （一）撤盘的基本要求

撤盘就是在顾客进餐中或餐后收盘收碗的工作。撤盘有以下基本要求：方便上菜，不能损坏餐具；注意礼貌；撤盘不拖延；不把汤汁洒在顾客身上。

## （二）中餐撤盘

菜少的酒席一般在酒席完毕后撤盘。菜较多的酒席可分次撤盘：第一次是在冷盘吃得差不多时，即上热炒菜前；第二次是在大菜吃得差不多时，即上饭前；第三次是在酒席完毕后。

### 1. 视酒席的情况撤换餐具

较高档的酒席，为显示名菜的风味和酒席的规格，在就餐过程中需要撤换小件餐具。通常在以下几种情况下需要撤换餐具。

（1）饮用不同类型的酒，要更换相应的酒杯。在摆台时，一般要摆三种酒杯。在较高档的酒席中，往往要用三种以上的酒杯，因此，在上新酒水之前，必须先换上新酒杯。

（2）凡装过鱼腥味菜的餐具，再上其他口味的菜时须更换。

（3）在上甜菜、甜汤之前须更换餐具。

（4）在高级酒席中，在吃名贵菜前须更换餐具。

（5）弄脏了的餐具须及时更换。

（6）骨盘内骨渣较多时须及时更换。

### 2. 撤盘时的要求

一般从顾客左侧撤盘，要把剩菜剩汤用一个碗或盘装起来。摞盘摞碗时，同品种、同规格的盘碗要摞在一起，直径大的放在下面，直径小的摞在上面。圆盘要摞在条盘上，深口的、直口的盘碗要摞在浅口的、平口的盘碗上。

## （三）西餐撤盘

### 1. 待顾客示意后分次撤盘

当看到顾客将刀叉并排摆在盘上时，即可撤盘。西餐宴会中，等到大多数顾客都这样表示后，方可开始撤盘。将盘全部撤完后，再按上菜次序摆上新的小件餐具。等顾客吃完干酪后，可收去台上的餐具和酒杯，只留一个水杯，并清理干净台上的面包屑。

### 2. 撤盘时的要求

西餐撤盘应使用小方盘，左手托盘，右手收盘。第一只盘放在托盘外侧，以便将剩菜、剩汤倒在第一只盘内。刀叉集中放在托盘的一头，托盘内侧摆放其余的盘子。这样摆放易保持平衡。

## 细节48：桌面清洁

### （一）顾客用餐过程中的桌面清洁

顾客用餐过程中，餐桌上不准出现空盘、空碗和空酒杯，当发现有空盘、空碗和空酒杯时，征得顾客同意后及时撤掉。

### （二）顾客就餐后的桌面清洁

（1）当顾客用完正餐后，征得顾客同意后方可清洁桌面。清洁顾客餐桌时，站在顾客右侧，左手中的托盘放在顾客背后，不能拿到顾客的面前，以免影响顾客交谈。

（2）撤餐具时将物品分类摆放在托盘内且整齐有序，轻拿轻放。

（3）撤完餐具后，如顾客餐桌上有菜汁、酱油等污迹，应先擦净再在上面铺放一块干净的餐巾。

### （三）顾客用完甜点后的桌面清洁

在顾客用完甜点后，须及时撤掉甜点餐具。

## 细节49：甜点和水果服务

### （一）征询顾客，清理餐桌

当顾客吃完所有的菜品后，服务员应主动询问顾客可否上甜点或水果；如果顾客同意，服务员再问顾客是否同意清桌；如果顾客同意清桌，服务员立即撤去桌上所有的餐具，只留下酒杯和水杯。

### （二）上餐具

清理桌面后，根据顾客所点食物，摆上相应的餐具。如点的是甜点，则摆上甜点叉；如点的是水果，则摆上水果刀叉。

### （三）上甜点、水果

摆完桌后，使用托盘将甜点或水果从顾客右侧送上，摆在餐桌正中，礼貌地请顾客用甜点或水果。

如果顾客点的是甜汤，则要垫上碟垫并配上汤匙，汤匙放在碟垫上。如果顾客点的是水果拼盘，则按中餐分菜服务的程序操作。

## 细节50：打包服务

顾客提出结账要求后，服务员应清理顾客面前使用后的餐具及询问剩下的菜是否要打包。

### （一）厨房打包

**1. 准备**

当顾客提出将剩菜打包带走时，服务员应立即将菜撤下餐桌，并告诉顾客将在厨房为顾客打包及顾客所需等待的时间。

将菜送到厨房，准备好食品盒、红丝绸带及带有店徽的塑料袋。

**2. 包装**

将菜分类装入食品盒内，注意汤汁不外溢。

**3. 展示**

服务员用托盘将食品盒送到顾客右侧，请顾客检查，经顾客许可后将食品盒拿到服务柜上。

**4. 食品盒的包装**

服务员在服务柜上盖好食品盒盖，并用红丝绸带十字交叉包装食品盒，打好蝴蝶结，将蝴蝶结的两尾剪成燕尾状。将食品盒及食品袋同时送到顾客面前，请顾客过目后将食品盒装入食品袋内，递给顾客。

### （二）现场打包

（1）当顾客提出将剩菜打包带走时，上前询问并详细记录需要打包的菜及分装要求。

（2）按菜品数量立即取来干净的食品盒及包装袋，将菜品搬至最近的配餐柜上，拿出公筷，根据顾客的要求在尽可能保留菜品整体完整的情况下依次序放入食品盒，注意除去不需要的调料及多余的汤汁（见图8-2和图8-3）。

（3）仔细检查并清洁食品盒身及边沿的油迹，封好盖子，装入打包袋。

（4）把打包好的菜递给顾客时要告知顾客不同食品盒内所装品种（见图8-4）。

（5）提醒顾客在低于5℃的冰箱内存放打包好的菜，并在24小时内加热食用。

不同的菜品打包在不同的盒内

图 8-2　菜品分别打包

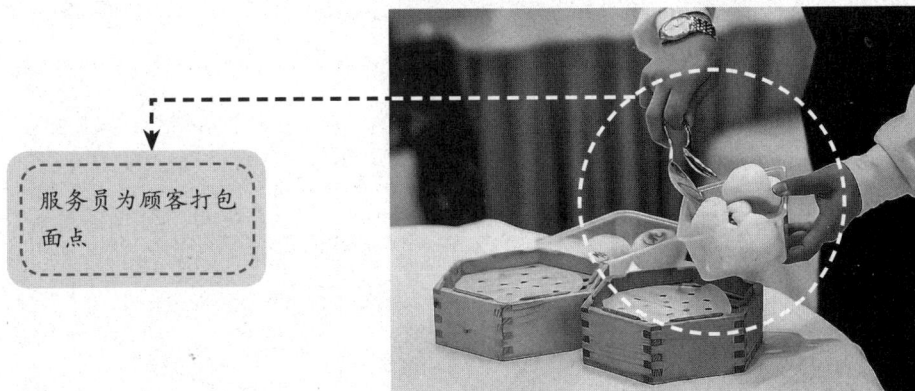

服务员为顾客打包面点

图 8-3　面点打包

服务员用双手把打包好的菜递给顾客

图 8-4　把打包好的菜递给顾客

### （三）打包的注意事项

（1）打包用的食品盒一定要干净。

（2）打包时要征询顾客的意见，不能随心所欲地将所有菜混装在一起。

（3）汤类菜品应装在汤碗里，装的时候不能太满，一般七分满即可。

## 案例解析

### 服务员自作主张打包饭菜，惹恼顾客

送走了被宴请的顾客，主办宴会的顾客刚转过头就被眼前的景象惊呆了，只见服务员们把餐台上菜盘里的菜摞在了一起，顾客连忙制止道："你们怎么也不问问我，就这样胡乱打包？"几位服务员急忙停下手，其中一位服务员嘟囔道："你事先也没有交代我们怎么打包。"没想到这句话惹怒了顾客，顾客愤怒道："那你们打包前怎么不问人就自作主张将几道菜弄到一起去了，我花了钱买这些菜，你凭什么替我做主？"听到吵闹声，餐厅经理急忙跑了过来。在了解了事情的原委后，餐厅经理马上向顾客道歉："对不起，这是我们的失误，请您原谅。您看这样可以吗？我们把还没有清理的菜按您的要求打包，已经清理了的，我们再单独为您做一份，就算是弥补我们的过错。真的非常抱歉，再一次恳请您原谅。"听完餐厅经理的话，顾客的怒火才稍稍平息了一些。

【解析】

当顾客提出将剩菜打包带走时，服务员首先要和顾客确认哪些菜需要打包，并准备好相应数量的食品盒，打包时根据菜品口味及烹饪方式分类打包，原则上不混装，如果是同一口味的菜品，可视具体情况打包在一个食品盒内。

环节 9　结账服务

顾客餐后结账，收银员收到顾客支付的费用，不仅表明餐厅与顾客的交易正式完成，顾客对餐厅的印象及消费满意度也在这个环节最终形成，因此餐厅必须高度重视餐后结账的服务工作。

一般餐厅结账有图 9-1 所示的几种方式。

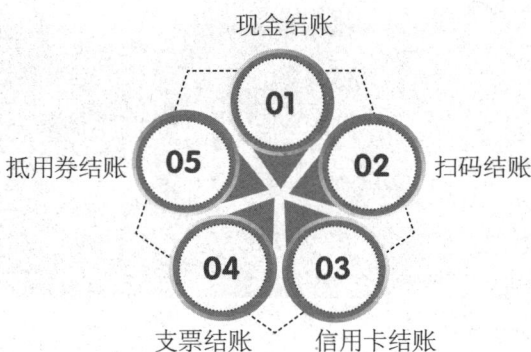

图 9-1　餐厅结账的方式

## 细节51：现金结账

现金结账的流程如图 9-2 所示。

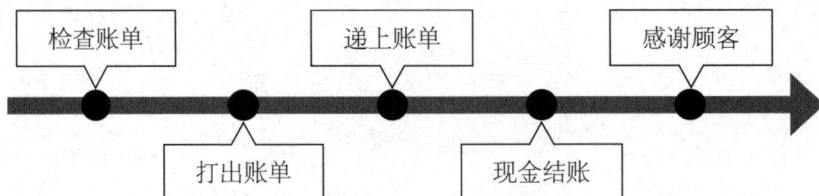

图 9-2　现金结账的流程

### （一）检查账单

服务员检查台号、菜品和酒水名称及价格是否正确。

## （二）打出账单

打出账单，检查是否缺漏项目，检查总计金额（见图 9-3）。

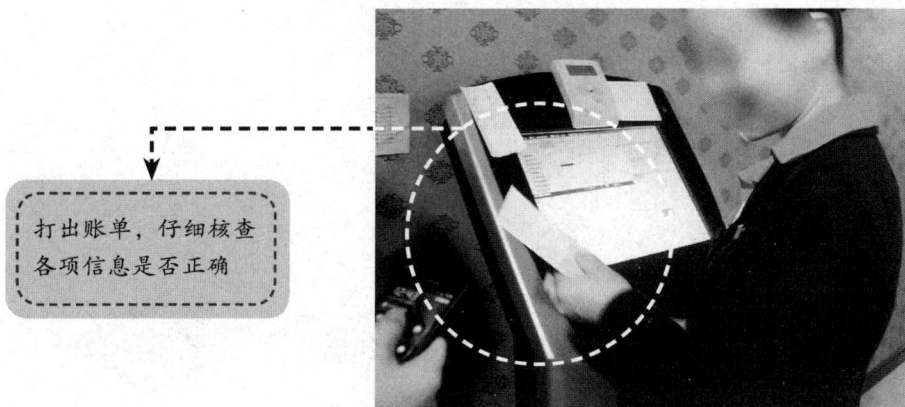

> 打出账单，仔细核查
> 各项信息是否正确

图 9-3　打出账单

## （三）递上账单

服务员将账单放入账夹，站在顾客右侧，鞠躬并说"谢谢"，将账夹打开放在顾客面前，用手指或笔指出消费金额，不用说出来（见图 9-4）。

> 站在顾客右侧，指出
> 消费金额

图 9-4　递上账单

## （四）现金结账

检查顾客所付现金，把现金和账单递给收银员，检查收银员找回的现金是否准确，然后将账单和找回的钱递给顾客。

## （五）感谢顾客

收回账夹并礼貌地说"谢谢"。

## 细节52：扫码结账

扫码结账的流程如图 9-5 所示。

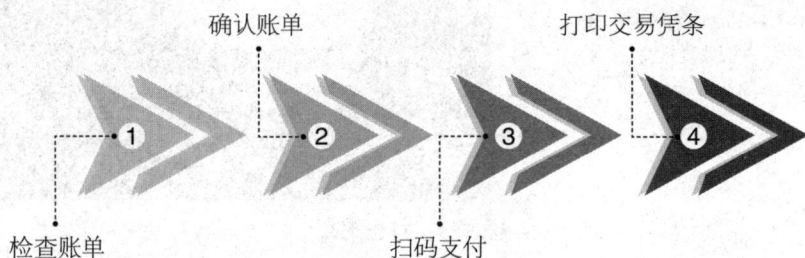

图 9-5　扫码结账的流程

## （一）检查账单

服务员检查台号、菜品和酒水名称及价格是否正确。

## （二）确认账单

告知顾客总计消费金额及应付金额。

## （三）扫码支付

目前，餐厅常用的扫码支付有两种，即静态二维码支付和动态二维码支付。

（1）静态二维码支付就是餐厅将微信收款二维码或支付宝收款二维码打印出来，让顾客主动扫二维码输入金额进行支付（见图 9-6）。

（2）动态二维码支付就是由收银员在收银机中输入应支付的金额，用扫描枪扫描顾客出示的动态二维码进行收款（见图 9-7）。

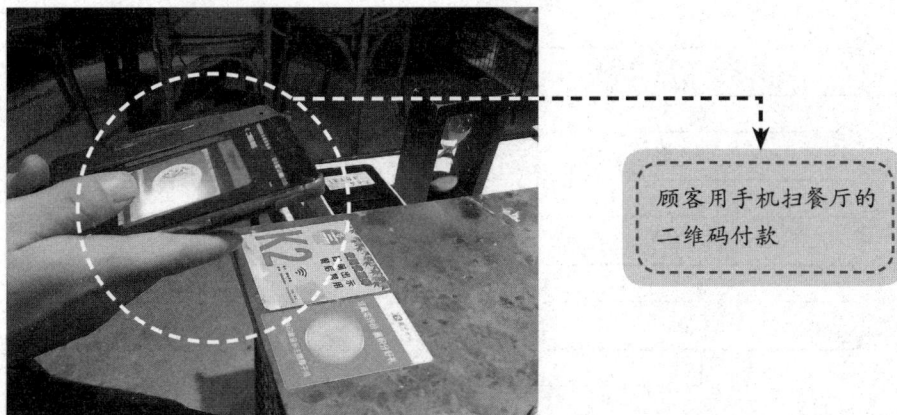

顾客用手机扫餐厅的
二维码付款

图 9-6　顾客扫码

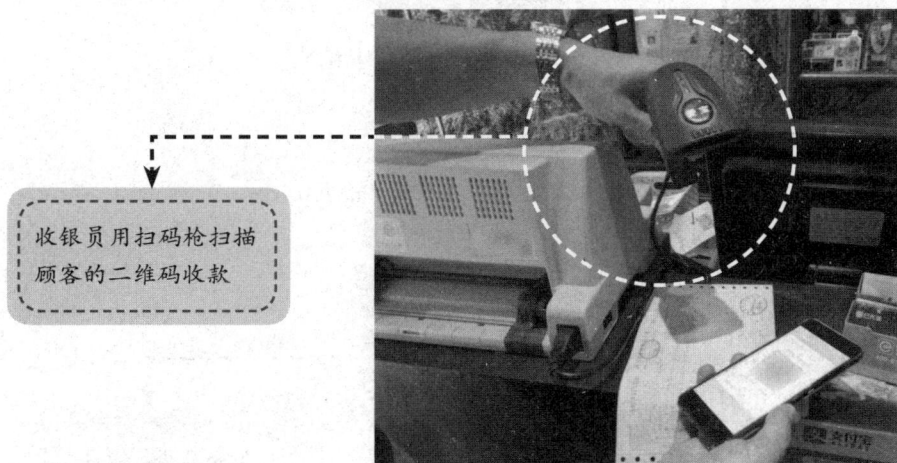

收银员用扫码枪扫描
顾客的二维码收款

图 9-7　收银员扫码

## （四）打印交易凭条

收款完成后，打印交易凭条并交给顾客。

## 细节53：信用卡结账

信用卡结账的流程如图 9-8 所示。

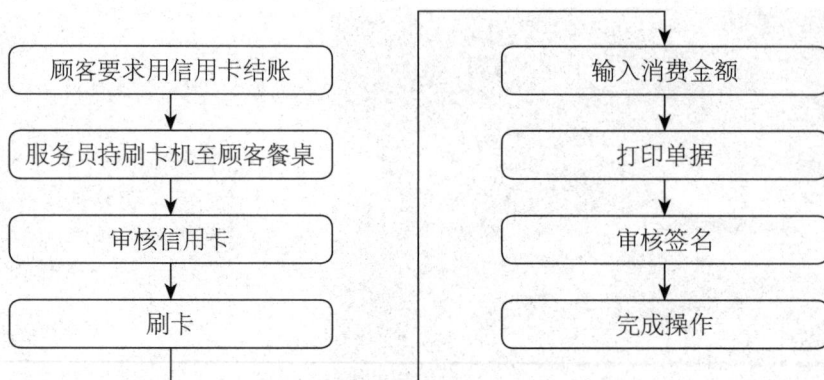

图 9-8　信用卡结账的流程

## （一）顾客要求用信用卡结账

服务员询问顾客结账方式，顾客要求用信用卡结账。

## （二）服务员持刷卡机至顾客餐桌

服务员从收银处取出刷卡机，到顾客餐桌（见图 9-9）。

服务员从收银台处取出刷卡机，送到顾客餐桌前

图 9-9　持刷卡机至顾客餐桌

## （三）审核信用卡

（1）审核信用卡卡面是否完整。

（2）审核信用卡是否在有效期内。

（3）如不符合上述要求，则将卡退还给顾客。

## （四）刷卡

（1）刷卡时，磁条向内，核对卡号与刷卡机屏幕所显示的卡号是否一致。

（2）如卡号不相符，则将卡退还给顾客。

## （五）输入消费金额

（1）在刷卡机上输入消费金额，输入的最小单位为分（见图9-10）。

（2）如有密码，请顾客输入密码并确认。

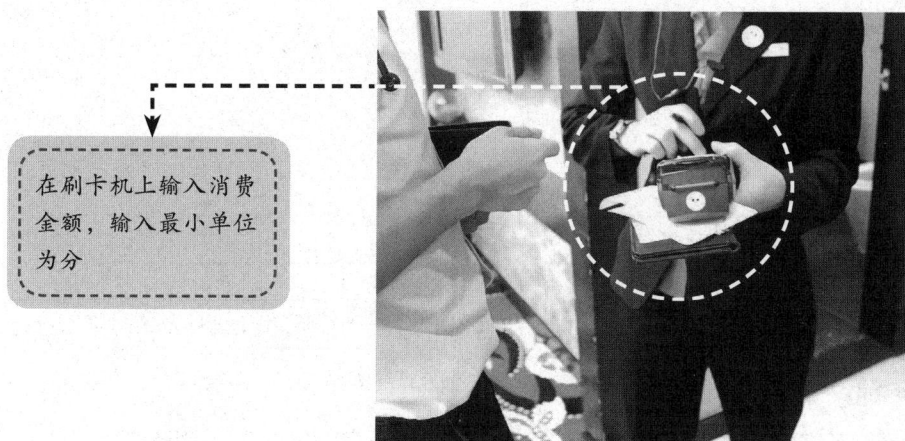

在刷卡机上输入消费金额，输入最小单位为分

图 9-10　输入消费金额

## （六）打印单据

（1）打印两张交易凭单，请顾客核对金额。

（2）要求顾客在单据第一联签字确认（见图9-11）。

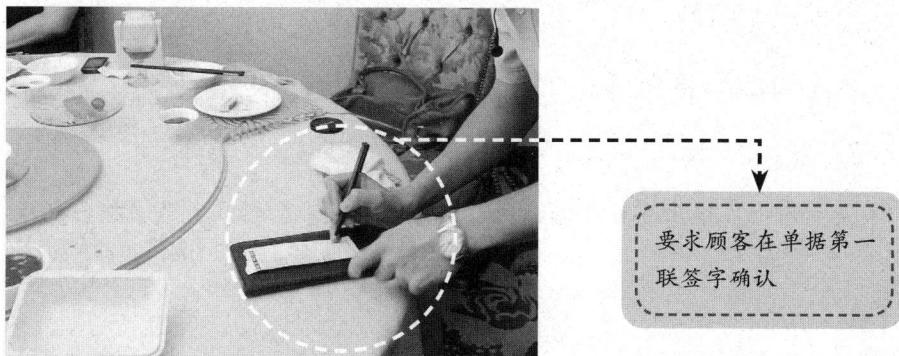

要求顾客在单据第一联签字确认

图 9-11　顾客签字确认

## （七）审核签名

核对信用卡背面预留签名与顾客在单据上的签名是否相符。

## （八）完成操作

即刻将第一联（即商户存根联）与账单交至收银员结账，将结算卡与第二联（即客户存根联）退还给顾客。

## 细节54：支票结账

支票结账的流程如图 9-12 所示。

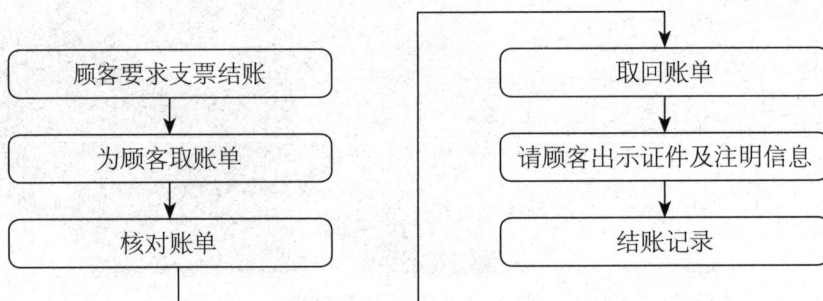

图 9-12　支票结账的流程

## （一）顾客要求支票结账

当顾客要求用支票结账时，服务员请顾客稍等。

## （二）为顾客取账单

服务员立即去收银台为顾客取账单。

## （三）核对账单

服务员告诉收银员需要结账的台号，并检查账单台号、人数、消费金额是否正确。

## （四）取回账单

服务员走到顾客右侧，打开账夹，右手持账夹上端，左手轻托账夹下端，递至顾客面前，请顾客检查，注意不要让其他顾客看到账单。

### （五）请顾客出示证件并注明信息

请顾客出示身份证并注明联系电话及单位地址。

### （六）结账记录

（1）收银员结完账并记录证件号码及联系电话、单位地址后，服务员核对账单第一联与支票存根，确认无误后将其送还给顾客，并真诚地感谢顾客。

（2）如顾客使用密码支票，请顾客直接在支票密码栏中填写密码。

## 细节55：抵用券结账

抵用券结账的流程如图 9-13 所示。

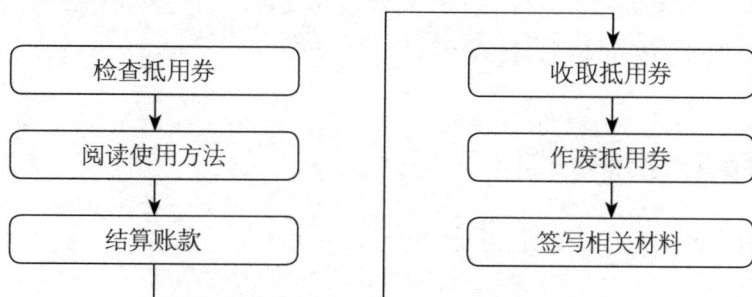

图 9-13 抵用券结账的流程

### （一）检查抵用券

收银员检查顾客所持抵用券，抵用券一般包括各种代金券、折价券、赠券、友情卡等。

### （二）阅读使用方法

收银员应仔细阅读抵用券的使用方法，以确定是否可以找零、是否可以分次使用、是否可以组合使用、是否可以开具发票等。

## （三）结算账款

收银员根据顾客的要求正确计算顾客应使用的抵用券及现金的组合，当顾客对抵用券的使用方法有误解时，应向顾客解释清楚，如自己无法处理，应及时通知收银主管。

## （四）收取抵用券

收银员收取抵用券即标志交易完成。

## （五）作废抵用券

交易完成后，收银员要立即在抵用券上加注作废标志，不得积攒一定抵用券后统一加注。

## （六）签写相关材料

收银员在作废抵用券后应马上在其背面加签自己的姓名、作废日期及收银机号，然后将抵用券放入钱箱，并关闭钱箱。

# 细节56：扫码开票

扫码开票的流程如图9-14所示。

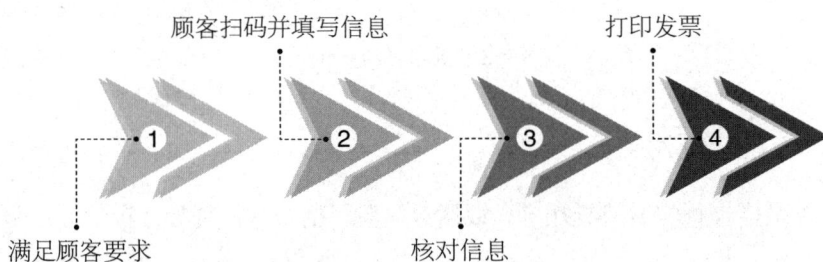

顾客扫码并填写信息　　　　打印发票

满足顾客要求　　　　核对信息

图9-14　扫码开票的流程

## （一）满足顾客要求

顾客结账时，如提出开具发票的要求，收银员应满足顾客的要求，并告知开具发票的操作步骤。

## （二）顾客扫码并填写信息

指导顾客用手机扫码，并在相应界面中输入开票信息后点击"提交"（见图 9-15）。

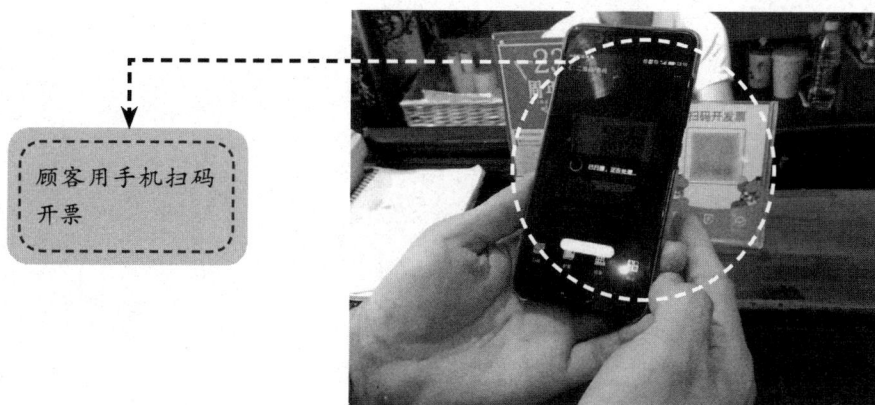

顾客用手机扫码
开票

图 9-15　扫码开票

## （三）核对信息

根据开票系统显示的信息，再次与顾客核对开票信息。

## （四）打印发票

信息确认无误后，将发票打印好并交给顾客。

环节 10　送客服务

送客是礼貌服务的具体体现，表示餐厅对顾客的尊重、关心、欢迎，这是餐饮服务中不可或缺的项目。在送客过程中，服务员应做到礼貌、耐心、细致、周全，并按图 10-1 所示的流程进行服务。

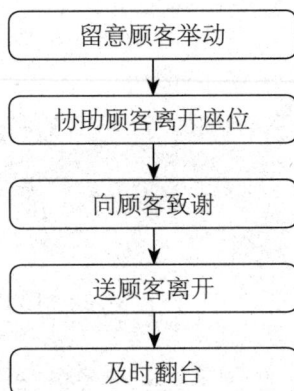

```
┌─────────────────┐
│   留意顾客举动    │
└─────────────────┘
         ↓
┌─────────────────┐
│  协助顾客离开座位  │
└─────────────────┘
         ↓
┌─────────────────┐
│   向顾客致谢      │
└─────────────────┘
         ↓
┌─────────────────┐
│   送顾客离开      │
└─────────────────┘
         ↓
┌─────────────────┐
│   及时翻台        │
└─────────────────┘
```

图 10-1　送客服务的流程

## 细节57：留意顾客举动

当进餐接近尾声，服务员应注意观察顾客的举动，做好送客的准备。

### （一）主动询问是否打包

有的顾客点的菜比较多，可能还会剩下一些菜，此时服务员可询问顾客是否打包带走。服务员主动询问顾客是否打包，可以赢得顾客的好感。有些顾客不好意思主动开口要求打包，服务员主动询问可以体现对顾客的关心。

### （二）不可生硬地驱赶顾客

用餐结束后，若顾客没有马上起身离开，而是继续聊天，此时服务员不可急于收拾餐桌，可以继续为顾客添茶水。当顾客示意服务员收拾餐桌时，服务员可照办。

服务员不要主动询问顾客是否可以收拾餐桌或询问顾客是否已经用餐完毕，这很不礼貌。服务员不要打扰顾客的谈话，不要破坏顾客的兴致。即使有的顾客在餐厅停止营业后还没有离开，服务员也不能以搬动桌椅、关灯等形式生硬地驱赶顾客。

### 🎭 案例解析

**服务员主动撤盘，惹顾客不高兴**

一个夏日，临近打烊时间，某餐厅里的顾客已渐渐离去。服务员小黄环顾餐厅，看到只有一位先生与一位小姐还坐在那儿聊天。小黄走近餐桌一看，盘子里的菜所剩无几，顾客也没有再吃的意思，便想把他们桌上的盘子撤掉，只留茶水，好为顾客提供更好的谈话环境。小黄走过去为顾客添了茶水后，礼貌地问顾客："我可以把这些盘子拿掉吗？"谁知顾客一听很不高兴地说："你的意思是让我们走吗？"小黄连忙道歉："对不起，我不是这个意思，请您慢用！"顾客这才消了气。过了一会儿，那两位顾客看餐厅只剩下他们，便起身离开了。

【解析】

在顾客没有主动离开就餐地点的时候，服务员绝不能催促，也不要做出催促顾客离开的举动，否则很容易引起顾客的误会。

### 细节58：协助顾客离开座位

（1）当顾客准备离开时，服务员可以上前为顾客拉椅子，以便顾客起身。

（2）当顾客起身后，服务员应提醒顾客不要遗漏物品，帮顾客取出寄存的随身行李。

（3）见顾客有穿衣的意图时，服务员应及时、准确地拿取顾客的衣服，站在顾客身边，双手捏住衣领两侧，帮助顾客穿衣（见图10-2）。

拿取顾客衣物，并协助顾客穿衣

图 10-2　帮顾客取衣、穿衣

**小提示**

　　在顾客准备离开之际，服务员应抓住机会了解顾客对饭菜是否满意、服务是否周到，以及是否发生了误会。假如有什么令顾客不满意之处，应向顾客解释并表示将尽力改善。

## 细节59：向顾客致谢

　　餐厅内任何一位服务员遇到离开的顾客时都要礼貌地与顾客道别，向顾客表示感谢，诚恳地欢迎顾客再次光临。

## 细节60：送顾客离开

　　（1）顾客离开时，沿途的服务员要停下手中的工作，主动为顾客让路，并微笑着向顾客道别，目送顾客离开。

　　（2）餐厅门口处的迎宾员要使用告别语主动向顾客告别，为顾客开门，礼貌地送别顾客。

　　（3）当顾客走出餐厅门口时，迎宾员再次向顾客致谢、道别。

　　（4）迎宾员应帮助顾客按电梯，并在电梯来后送顾客进入电梯，目送顾客离开。

　　（5）遇特殊天气，餐厅应安排专人送顾客离开，如亲自将顾客送到饭店门口，下雨时为没带雨具的顾客打伞，扶老携幼，帮助顾客叫出租车等，直至顾客安全离开。

（6）在重大宴会活动中，送别顾客时要隆重、热烈，服务员应穿戴整齐、规范，列队欢送，使顾客感受到服务的真诚和温暖。

## 细节61：及时翻台

翻台就是在顾客离开餐厅后，服务员收拾餐具、整理餐桌，并重新摆台的过程。翻台往往在其他顾客仍在进餐的时候进行，或者在没有找到餐桌的顾客正在等候时进行，因此文明和高效翻台十分重要。可以说，一家餐厅的翻台率和翻台速度能够反映其营业水平和接待能力。

翻台的步骤如图 10-3 所示。

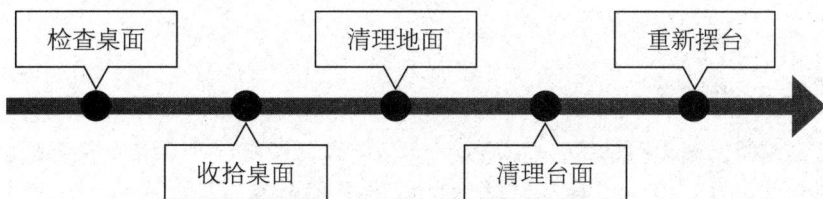

图 10-3  翻台的步骤

### （一）检查桌面

要检查桌面上有无顾客遗留的物品，如有，应迅速还给顾客，如已经无法追上顾客，应送交上级处理。

### （二）收拾桌面

摆齐座椅后，按照酒具、小件餐具、大件餐具的顺序进行整理。

收拾桌面时，先收餐巾、香巾、餐巾纸、空瓶、空罐及废弃杂物，再收杯具、筷、勺，最后收碗、碟等；用托盘将餐具等托送至指定地点。

### （三）清理地面

由于餐厅中还有顾客就餐，因此即使要及时清理餐桌下面的废弃物或汤汁，也不得使用扫帚、墩布，应使用长 40 厘米左右的竹夹夹取废弃物，用抹布擦净汤汁。在操作过程中，要戴一次性手套，不得赤手操作，否则既不卫生，又不雅观。

## （四）清理台面

先准备好干净的台布，折起脏台布的一半，打开干净的台布，将其铺上一半；再撤掉另一半脏台布，最后将干净的台布全部打开，并铺好。动作要尽可能轻，以免影响其他顾客就餐。

如果是一次性的塑料台布，要先捏住脏台布的四个角往上提，将桌上的垃圾包在台布中，一起放入垃圾袋；然后，用湿抹布将桌面擦净，再用干净的干抹布将桌面擦干。铺好先前准备好的干净台布；打开台布时动作要尽可能轻，不要抖动，也不许弄出声响，即使有事，也要轻声商量。

## （五）重新摆台

清理好桌面后，应立即按要求重新摆台，迎接下一批顾客或继续为其他顾客服务。

### 🎭 案例解析

**餐厅怎样做才能提高翻台率**

"服务员，等了这么久还没有位置吗？"一位等待吃午饭的顾客问道。

"先生，请您耐心等等，这个时间段用餐的人多。"服务员回答。

顾客并不领情，他扫了一眼店里，发现有一位男顾客坐在座位上玩手机。"那个人用完餐还占着位置，你们得想想办法，不能让我干等着。"

服务员朝顾客指的方向看去，发现后走上前去。

"先生，您好！很抱歉，由于现在用餐的顾客比较多，能否请您帮个忙？"服务员比较委婉地说出请求，希望不会让顾客难堪。

没想到的是，顾客一下子怒了，大声喊道："还有很多人吃完不走呢，凭什么偏偏赶我走？"顾客拿起衣物愤愤地结账离开，周围的顾客全都看了过来，弄得服务员很难为情……

**【解析】**

上述情况在餐厅中并不少见，有些顾客用完餐后并不离开，这会影响餐厅的翻台率，最终影响餐厅的收入。

当客流量达到一定规模后，翻台率是决定餐厅盈利水平的重要因素，餐厅经营者应该重视翻台率。像案例那样"撵人"固然可以提高翻台率，但很容易引起顾客的不满。

顾客一不高兴，再也不来吃饭了，餐厅等于损失了一位顾客。要是因此引起纠纷，更是得不偿失。那么，餐厅应该怎样提高翻台率呢？

（1）客满时，服务员除了跟新来的顾客打招呼，请他等候外，也要安排已吃完的顾客尽快离去。例如，有些顾客吃完饭了，还在畅谈不休。服务员可以不厌其烦地上前添茶，打断顾客的谈话。这其实也是一种技巧，当添了两三次茶水后，顾客多半会自觉地离开。

（2）提前做准备。在服务的过程中，每位服务员都应该提前为下一环节做准备。如顾客不再用餐，要提前准备好翻台餐具；付款后，若顾客没有马上离开，应上前征询顾客意见，在征得同意后先清理台面。

对餐厅来说，要想提高翻台率，就要缩短每桌顾客的用餐时间。因此，提高翻台率不能单靠服务员，全员参与才会有更好的效果。因此，餐厅经营者要对员工进行适当的培训并制定一些奖励机制，让每一位员工都能受益于翻台率的提高。

环节 11　宴会服务

宴会是在普通用餐基础上发展出来的一种高级用餐形式，是指宾、主之间为了表示欢迎、祝贺、答谢等而举行的一种隆重、正式的餐饮活动。对餐厅来说，承接大型宴会不仅可以收获丰厚的报酬，还可以利用举办宴会的机会塑造良好的口碑。

宴会按内容和形式的不同可分为图 11-1 所示的几种类型。

**图 11-1　宴会的类型**

# 细节62：中餐宴会

## （一）宴会前的准备

1. 确定服务员数量

（1）根据宴会的参与人数和要求，配备相应数量的服务员。

（2）服务员配备标准：对于一般宴会，一桌顾客配一位服务员；对于重点宴会，一桌顾客配两位服务员。

2. 准备餐具和用品

需要准备的餐具和用品如表 11-1 所示。

**表 11-1　需要准备的餐具和用品**

| 类别 | 说明 | 备注 |
|---|---|---|
| 瓷器类 | 餐碟、碟垫、味碟、茶盘、茶杯、饭碗、汤碗、汤匙等 | 餐具用量的计算方法是：A 款餐具数量 = 使用 A 款餐具的菜的道数 × 顾客人数 ×1.2 |

（续表）

| 类别 | 说明 | 备注 |
|---|---|---|
| 银钢器类 | 主菜刀叉、水果刀叉、银匙、甜点叉匙、服务叉匙、筷子架等 | 其用量计算方法与瓷器类同 |
| 玻璃器皿类 | 水杯，红、白葡萄酒杯，白酒杯，香槟酒杯，白兰地酒杯，等等 | 其用量计算方法与瓷器类同 |
| 布草类 | 桌布、餐巾、小毛巾等 | 布草用量的计算方法是：<br>（1）餐巾数量＝顾客人数 ×1.2<br>（2）小毛巾数量＝顾客人数 ×4.2×1.2 |
| 其他 | 筷子、胡椒瓶、牙签筒、席次牌、冰桶、冰夹、托盘，宴会所需的桌子、椅子等 | 如餐厅原有的设备不能满足主办方的需要，应与主办方协商寻找解决方法 |

3. 酒水的准备

根据宴会通知单的要求，领酒、饮料、茶叶，将酒水瓶擦拭干净，将需冷藏的物品存入冰箱。

4. 召开例会

在宴会开餐前，餐厅经理应组织服务员召开例会（见图 11-2），安排工作。在例会中，要让服务员了解以下事项。

（1）宴会订单。

（2）菜单情况。

（3）服务中的注意事项和具体要求。

在宴会开餐前要召开例会，使服务员了解宴会订单、菜单情况，以及服务中的注意事项、具体要求等

图 11-2　宴会开餐前例会

5. 餐厅设备检查和报修

服务员要经常检查餐厅设备，发现问题应及时报修，如图 11-3 所示。

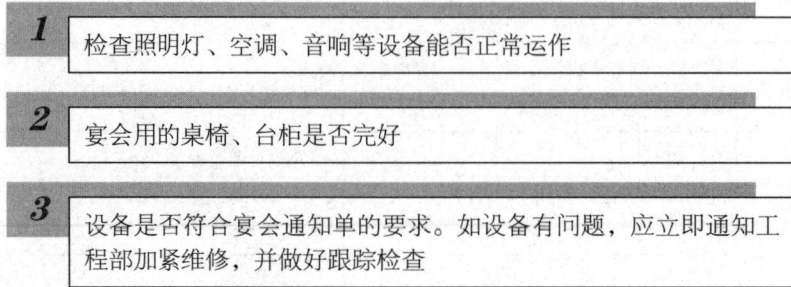

**1** 检查照明灯、空调、音响等设备能否正常运作

**2** 宴会用的桌椅、台柜是否完好

**3** 设备是否符合宴会通知单的要求。如设备有问题，应立即通知工程部加紧维修，并做好跟踪检查

图 11-3 餐厅设备检查和报修

## （二）宴会开餐前准备

宴会开餐前，服务员应该做好表 11-2 所示的准备工作。中餐宴会布置如图 11-4 所示。

表 11-2 宴会开餐前的准备工作

| 序号 | 准备工作 | 具体要求 |
| --- | --- | --- |
| 1 | 桌型布置 | 根据桌型图摆好餐桌，设置服务桌，围上桌裙并摆桌 |
| 2 | 备餐具 | 把宴会需用的各种餐具整齐地摆放在服务台上 |
| 3 | 备小毛巾 | 将小毛巾折叠好存放于保温箱内备用 |
| 4 | 备茶水 | 宴会开餐前 30 分钟准备好休息室用的茶壶、茶叶及开水，并放于休息室服务台上 |
| 5 | 备酒水 | 宴会开餐前 30 分钟按宴会标准取出相应的酒水，摆放于服务台上 |
| 6 | 上小菜、佐料，摆小毛巾 | 宴会开餐前 15 分钟上小菜，备齐佐料，将小毛巾摆上餐台 |
| 7 | 开空调、灯光 | 宴会开餐前须开启空调，使宴会厅温度适宜，大型宴会厅提前 30 分钟开启，小型宴会厅提前 15 分钟开启；提前 30 分钟开启宴会厅所有的灯光 |
| 8 | 检查 | 宴会开餐前 15 分钟，对宴会厅进行最后一次检查，如有不符合要求的，立即纠正 |
| 9 | 站岗迎客 | 宴会开餐前 10 分钟，服务员站立在各自岗位上，面向宴会厅门口，准备迎接顾客 |

图 11-4　中餐宴会布置

## （三）宴会服务流程

宴会服务流程如图 11-5 所示。

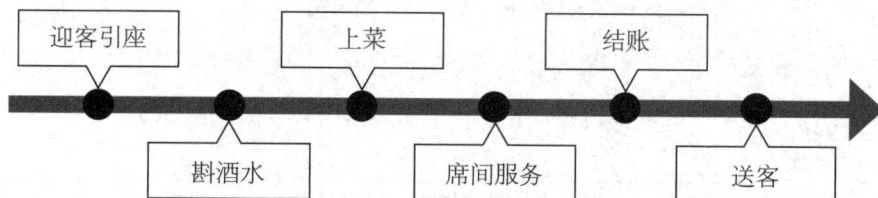

图 11-5　宴会服务流程

### 1. 迎客引座

服务员在迎客引座时应注意图 11-6 所示的几个事项。

图 11-6　迎客引座的注意事项

151

2. 斟酒

服务员在为宴会顾客斟酒时应注意图 11-7 所示的事项。

| 为顾客拉椅子，打开餐巾，除去筷套，然后展示准备的各种酒水，待顾客选定酒水后为顾客斟倒；先斟饮料，再斟葡萄酒，最后斟烈性酒 | 宴会开始前，主人致辞时，服务员应停止操作，在致辞即将结束时向讲话人送上一杯酒，并为无酒或酒少的顾客斟酒，供祝酒之用 |

图 11-7　斟酒的注意事项

3. 上菜

服务员在为宴会顾客上菜时应注意图 11-8 所示的事项。

| 主人宣布宴会开始，按中式宴会出菜服务程序出菜，新上的菜放在主宾与主人中间，热菜上桌后取下盖子；上菜前，撤去餐桌上的鲜花 | 上菜后，服务员主动介绍菜名和风味特点，简要介绍菜品的历史典故，然后根据主人的要求分菜，并提供相应的服务 |

图 11-8　上菜的注意事项

4. 席间服务

服务员在为宴会顾客提供席间服务时应注意图 11-9 所示的事项。

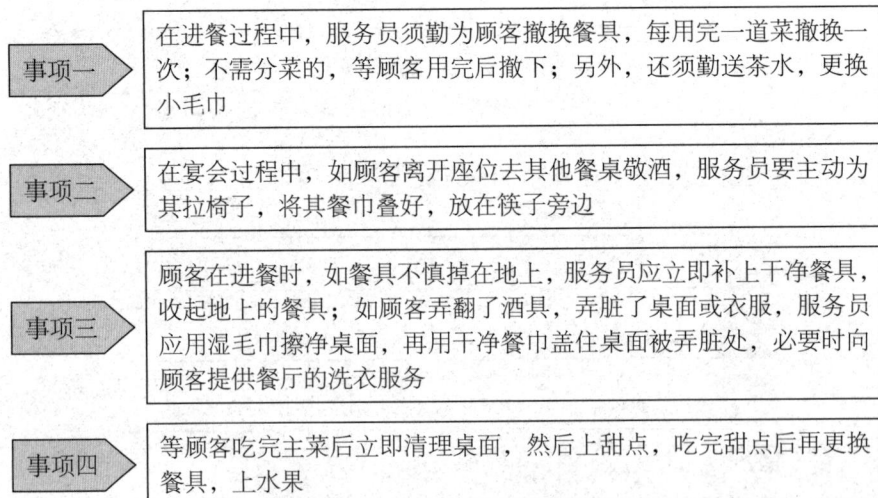

| 事项一 | 在进餐过程中，服务员须勤为顾客撤换餐具，每用完一道菜撤换一次；不需分菜的，等顾客用完后撤下；另外，还须勤送茶水，更换小毛巾 |
| 事项二 | 在宴会过程中，如顾客离开座位去其他餐桌敬酒，服务员要主动为其拉椅子，将其餐巾叠好，放在筷子旁边 |
| 事项三 | 顾客在进餐时，如餐具不慎掉在地上，服务员应立即补上干净餐具，收起地上的餐具；如顾客弄翻了酒具，弄脏了桌面或衣服，服务员应用湿毛巾擦净桌面，再用干净餐巾盖住桌面被弄脏处，必要时向顾客提供餐厅的洗衣服务 |
| 事项四 | 等顾客吃完主菜后立即清理桌面，然后上甜点，吃完甜点后再更换餐具，上水果 |

图 11-9　席间服务的注意事项

5. 结账

宴会即将结束，餐厅负责人准备好账单与宴会主办人联系结账。

6. 送客

宴会结束后，服务员为顾客拉椅子，递送衣物，欢送顾客。

### 相关链接

## 宴会服务要点

（1）按宴会标准摆台，铺桌布，上转盘，将所需餐具、酒杯、菜单、牙签、鲜花等物品按规定摆放好。注意主桌的餐巾颜色、巾花式样及鲜花都应与其他桌的加以区别。

（2）将横幅挂好，音响设备放置在主席台两端，将需要用到的 CD 放在音响上。

（3）做最后的检查，包括检查摆台、卫生、安全等。

（4）顾客到来时，播放柔和、欢快的音乐迎宾。服务员主动上前为顾客拉椅子，请顾客就座，然后奉上热茶、热毛巾。

（5）主办人示意开宴后，服务员立刻为顾客铺放餐巾，撤去筷子套、桌号牌及鲜花。

（6）每桌至少上两盅放有柠檬汁的洗手水，让顾客洗手。

（7）一般宴席设白酒、葡萄酒、啤酒、汽水等几类酒水。一般只为孩子斟汽水或凉白开；对于其他顾客，应在询问后斟倒相应酒水。

（8）斟酒水时，应站在顾客右侧逐位斟倒，先斟汽水，后斟酒类。倒完酒水后应将多余的空杯撤去。

（9）服务员需注意观察席间顾客杯子里的酒水是否充足，不充足的，应及时为其添加。

（10）顾客起身敬酒时，服务员应为其拉椅子，方便起身；顾客回座时，则帮其推回椅子，方便坐下。

（11）如为婚宴，主持人会象征式地切蛋糕，然后由服务员分切，要先分给主桌，再分给其他顾客。

（12）主人讲话或发表祝酒词时，所有服务员应停止手中的一切工作，站立静听。另外，应派一位服务员手拿托盘，上面放一杯酒，站立在主席台边，等主人即将讲完话时,将酒奉上。如主人要逐桌敬酒,则应派一位服务员拿着酒瓶跟随在后面,随时为其加酒。

(13)上菜时要全场统一,主桌上什么菜,其他桌就跟着上什么菜,不能乱上。上菜时应遵循先冷盘,后热菜、主食、甜点、水果的原则。需要分菜的,应使用公筷、公匙分派,做到均匀分配。注意,前三道菜每次上菜要间隔七分钟左右,其他的可间隔十分钟左右。

(14)更换热毛巾、骨碟,及时撤走空盘。

(15)宴会已结束,但还有顾客未离开餐桌的,服务员不能开始收拾,以免引起顾客误会及不快。

(16)送顾客时要说"谢谢!欢迎下次光临"或"这边请,您慢走"。

(17)清点所有未开启的酒水,由负责结账的顾客选择退回或带走。

(18)引导负责结账的顾客到收银台结账。

(19)向顾客征询意见和建议,向顾客致谢。

宴会结束后,收拾桌上的餐具、杯子等,送到清洁部进行清洗、消毒;将餐巾、毛巾、桌布送到杂物房进行清点和清洗;打扫地面,清倒垃圾;按餐厅平日经营模式重新摆台,同时摆放好餐椅,准备迎接顾客;将横幅等取下,将音响设备搬回原处;检查顾客是否遗漏物品,发现遗漏物品时应尽快与前来预订的顾客联系,并将物品移交给收银台登记,由收银台代为保管;锁好门、窗,关闭所有电器。

## 细节63:西餐宴会

西餐宴会服务流程如图 11-10 所示。

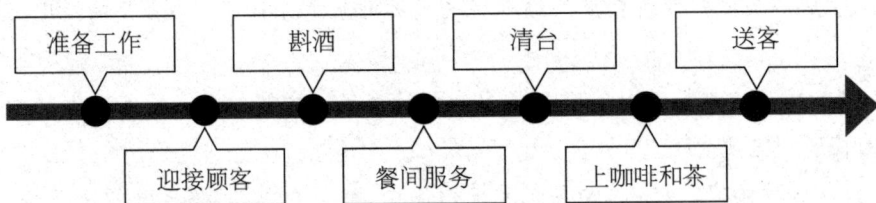

图 11-10 西式宴会服务流程

1. 准备工作

开餐前半小时,将一切准备工作做好。往水杯中注入 4/5 的冰水,点燃蜡烛;

面包要放在桌上的面包篮里，黄油要放在黄油碟里；将餐厅门打开，迎宾员站在门口迎接顾客；服务员站在桌旁，面向门口。

2. 迎接顾客

顾客进来时，要向顾客问好，为顾客搬椅、送椅。顾客坐下后，从顾客右侧为顾客铺上餐巾。

3. 斟酒

在为顾客斟酒前，要先打开瓶盖倒出少许酒，先让主人品尝，经许可后再为顾客斟酒。

4. 餐间服务

从顾客右侧上菜，先给主宾和其余女宾上菜。大多数顾客示意可以撤盘后，分次从顾客右侧将盘撤下。

5. 清台

用托盘将面包、面包刀、黄油碟、面包篮、椒盐瓶等全部撤下；从顾客右侧为顾客上甜点。待大多数顾客示意可以清台后，分次将餐具撤下。

6. 上咖啡和茶

先将糖罐、奶罐在餐台上摆好，将咖啡杯摆在顾客面前，上新鲜热咖啡和茶。

7. 送客

拉椅子，然后站在桌旁礼貌地目送顾客离开。

## 细节64：自助宴会

自助宴会服务流程如图 11-11 所示。

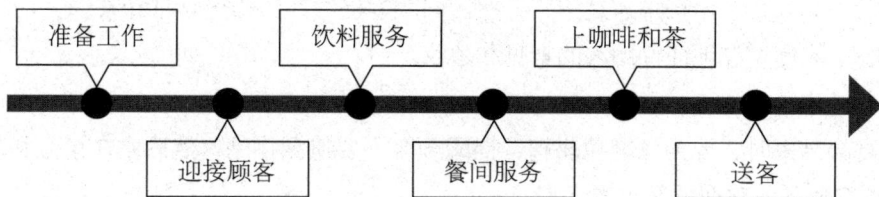

图 11-11　自助宴会服务流程

1. 准备工作

开餐前半小时，一切工作都应准备就绪，自助餐台的食品要加热并上齐，服务员各就各位，打开餐厅门，准备迎接顾客。

2. 迎接顾客

服务员应问候顾客，帮顾客拉椅子入座，从顾客右侧铺餐巾。

3. 饮料服务

服务员应询问顾客所需饮料，然后从顾客右侧将饮料倒入杯中。

4. 餐间服务

（1）服务员要随时将顾客用完的餐具撤下。

（2）服务员应随时为顾客添饮料、更换骨碟。

（3）顾客吃甜点前，服务员应将主刀、主叉、汤勺、面包刀、面包盘等餐具撤下。

（4）保持食品台的整洁，随时添加各种餐具和食品（见图11-12）。

保持食品台的整洁，随时添各种餐具和食品

图11-12　保持食品台的整洁

5. 上咖啡和茶

（1）先将糖罐、奶盅准备好并摆上桌。

（2）询问顾客用咖啡还是用茶，然后向顾客提供新鲜的热咖啡和茶。

（3）态度诚恳地征询顾客的意见和建议。

6. 送客

宴会结束时，要为顾客拉座椅，提醒顾客不要遗漏物品，然后站在桌旁礼貌地目送顾客离开，欢迎顾客再次光临。

环节 12　团餐服务

团体包餐（以下简称"团餐"）这种就餐形式多出于会议、旅游团队及大型团体活动的需要。团体指一个具有一定人数的集体。包餐是指按固定标准、规格、时间用餐的就餐形式。

按就餐时段的不同，团餐服务可分为图 12-1 所示的两个类别。

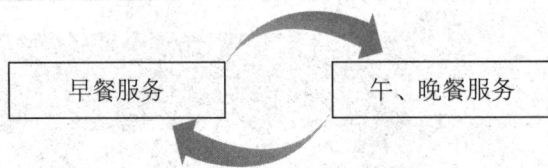

图 12-1　团餐服务类别

## 细节65：早餐服务

早餐服务流程如图 12-2 所示。

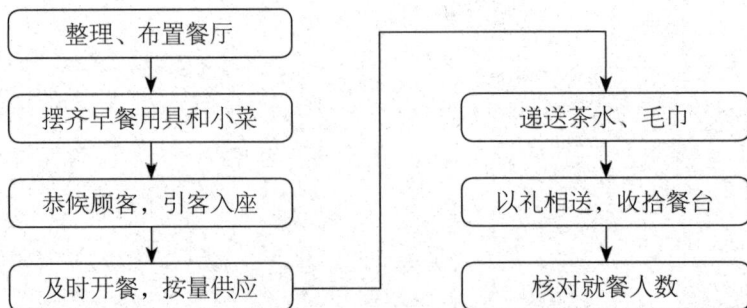

图 12-2　早餐服务流程

## （一）整理、布置餐厅

服务员根据团餐人数整理、布置餐厅，配备相应的桌椅，并在餐台上摆放台签，备齐各种物品，了解当天供应的食品，配制好所需的各种小菜，整理好个人仪容仪表。

### （二）摆齐早餐用具和小菜

早餐用具有碟、碗、勺、筷子、茶具、餐巾（纸巾）、小毛巾等，通常不配酒杯。在摆齐早餐用具的同时将配制好的各种小菜摆上台。

### （三）恭候顾客，引客入座

恭候顾客，确保顾客一到立即有人提供引导服务，及时准确地将顾客引导到其指定的席位上，以便顺利开餐。

### （四）及时开餐，按量供应

坐齐一桌即开餐一桌，服务员应及时将准备好的早餐送至餐桌上，并按食品类别合理摆放。按人数定量提供的食品，要保证供应数量。

### （五）递送茶水、毛巾

早餐用餐时间一般较短，将各种食品上齐后，应将茶水及毛巾送至顾客面前。

### （六）以礼相送，收拾餐台

顾客用完餐后往往分散离台，服务员应随时送客，说送别语，以示服务热情。待顾客全部离开餐台后，方可撤台。

### （七）核对就餐人数

早餐结束后，汇总就餐人数，为结账做好准备工作。

## 细节66：午、晚餐服务

午、晚餐服务流程如图 12-3 所示。

图 12-3　午、晚餐服务流程

## （一）核对菜单

团餐菜单一般都是提前定好的。每次开餐前，服务员都要将本餐的菜单与台号、团餐单位、桌数、人数进行核对，确认准确无误。同时，将菜单上列明的菜与有关部门进行核对，如无法提供某些菜，应及时更改，并通知团餐单位，说明更改原因。

## （二）布置餐厅

分配好不同团体的就餐位置，并配必要的标志（桌号牌、席次牌）及装饰等。同时可在餐厅入口处摆放告示牌，以便顾客了解自己的就餐位置。

## （三）摆好餐台

标准不同，团餐菜品的档次、品种等便不同，摆放的餐饮用具也要有所区别，如表 12-1 所示。

表 12-1　不同档次餐台的摆放要求

| 餐台档次 | 摆放要求 |
| --- | --- |
| 便餐 | 一般是四道或六道热菜，一道汤菜，不设冷荤，主食供应量较大且丰富。应配餐碟、汤碗、汤勺、筷子、牙签、调味碟、公用餐具，不摆酒水杯。餐后为每位顾客递上一杯热茶及一条毛巾 |
| 中档 | 一般是一个大冷盆或四个独拼冷菜、六至八道热菜、一道汤菜。除了便餐餐具，应加摆水杯，午餐应配有各种饮料，晚餐可提供啤酒。同时，根据菜品准备好餐间更换的餐碟 |

（续表）

| 餐台档次 | 摆放要求 |
|---|---|
| 宴会 | 摆台参照宴会的规格，餐具视团餐时间提供。一般午餐摆水杯、红酒杯，晚餐加摆白酒杯。无论午餐还是晚餐，所用酒具应以顾客要求为准 |

### （四）恭候顾客，引宾入座

待客入座的一切准备工作应在开餐前 5 分钟内做完。服务员就位，恭候顾客到来。当顾客来到餐厅后，服务员要主动上前询问并准确迅速地将顾客引到准备好的座位上，为顺利开餐做好准备。

### （五）清点人数，准时开餐

负责团餐的服务员应在开餐前核对就座人数，做到心中有数。顾客到齐后应迅速通知厨房准备出菜。如规定开餐时间已到，而个别顾客未到，服务员应主动征求主办单位的意见，在得到主办单位许可后方可开餐。

### （六）专人负责看台、上菜

午、晚餐团餐服务应设专门看台的服务员，以保证及时为顾客提供服务，如斟酒、更换餐具、递送菜品、及时整理餐台等。服务员要随时了解顾客的需要及进餐速度，使服务工作更加完善。

### （七）清点酒水，结清账目

当本餐的各种菜品和酒水上齐后，应告知主办单位的负责人，使之心中有数，同时对本餐所用的各种酒水进行清点，并一一上账。

**小提示**　结账时应注意物品上账清楚、数量准确、结账及时、不留单、不压单，以便及时汇总结账，防止错单、丢单。

### （八）礼貌送客

顾客用餐完毕，服务员要站立恭候，准备随时送客。

### （九）清理餐台

顾客离开餐台后，应及时将餐台上的餐具清理干净。撤台顺序是：先撤餐巾、毛巾，后撤小件餐具等，台面撤净后换铺台布。同时应检查是否有遗留物或丢失物品，发现上述情况后应及时、妥善处理。

**相关链接**

## 团餐服务工作"六掌握"

#### 1. 掌握团餐标准

无论20人、50人、100人还是更多人的团餐，标准都是统一的。

因此，服务员在开餐前首先要了解团餐标准，按标准为顾客准备菜单。

（1）菜单的内容要严格执行相关标准，并符合用餐者的饮食习惯。

（2）了解货源情况，合理安排菜品，既要保证荤素搭配，又要注意营养丰富。

（3）无论每日两餐还是每日三餐，菜品应尽量不重样。如果是一连几天的团餐，更应将菜品安排好，做到餐餐有新意。

拟订菜单时，要与主办单位负责人取得联系，与其商定后通知相关部门。

#### 2. 掌握就餐人数

服务员应根据团餐人数提供适当的就餐环境，同时安排好就餐所需桌椅及各种餐具。

一般可根据团餐人数安排桌数，每桌可坐8人、10人或12人，按每桌就餐人数摆放好餐具，如餐碟、餐勺、筷子及公用菜碟、菜勺、筷子，牙签等，同时要备足更换用的餐具。

#### 3. 掌握用餐位置

餐厅有大有小，团餐人数有多有少，如果一家餐厅同时接待几个团体，一定要注意按事先安排好的位置将每一团体的成员引领到座位上，以免坐错座位。

#### 4. 掌握团餐时间

掌握团餐时间的关键有两点。

（1）掌握开餐时间，以便准时开餐。

（2）掌握各团体的用餐时间要求，以便在用餐前完成各项准备工作，上齐各种菜品。

### 5. 掌握团餐性质

团餐有会议团餐、旅游团团餐、访问团团餐、考察团团餐等。会议又分学术会、研究会、商业洽谈会等。团餐人员又有国内、国外之分。团餐性质不同，前来就餐的人员也不相同，因此服务员要做到"两了解"。

（1）了解顾客的国籍、身份、民族，使餐间服务准确无误。

（2）了解顾客的特殊需求及饮食禁忌，使服务工作尽可能完善。

### 6. 掌握团餐顾客的特殊需要

团餐的就餐人数较多，有些团餐的用餐时间较长，难免有一些顾客需要特殊照顾，服务员要灵活应对。对于身体不舒服的顾客，应及时通知厨房另做病号饭；对于因故不能准时来餐厅就餐的顾客，应留餐。

附　录

# 附录A　餐厅服务应知礼仪

## 一、站姿礼仪

餐厅服务人员大多是站立开展服务的，尤其要注意站姿。

### 1. 站姿的基本要求

（1）站立时，身体要端正，挺胸、收腹、眼睛平视，嘴微闭，面带微笑，双臂自然下垂或在身体前交叉。双臂交叉时，右手放在左手上，以保持随时可以提供服务的姿态。

（2）肩膀要平直，不可耸肩歪脑。双手不可叉在腰间，不可放在身后，更不可抱在胸前。

（3）站立时不能东倒西歪（见图 A-1），不可坐在桌子上或靠在椅背上。站累了双脚可作"稍息"状，但上身仍须挺直，可将重心移到左脚或右脚，另一条腿在前微屈，使脚部肌肉放松。

图 A-1　站姿

（4）站立时应留意同事及顾客的呼叫。

（5）女服务员站立时，双脚应呈"V"字形，双脚成 50 度角，膝盖和脚后跟要靠紧。

166

（6）男服务员站立时，可双脚并拢，也可双脚分开，不能东倒西歪。双脚分开时，双脚应与肩同宽。站累时，一只脚可以向后撤半步或向前迈半步，但上身仍需保持挺直，不可把脚向前或向后移得太多，右手放在左手上、双手放在身体前或身体后均可。

**2. 错误站姿**

餐厅服务人员应避免如下几种站姿。

（1）东倒西歪。工作时东倒西歪，站没站相，坐没坐相。

（2）耸肩勾背。耸肩勾背或懒洋洋地倚靠在墙或椅子上。

（3）双手乱放。将手随随便便地插在裤袋里或双手交叉放在胸前。

（4）做小动作。摆弄领结、衣带、发辫、指甲等。

**3. 站立服务姿态**

为顾客服务时，应面向顾客。这一原则同样适用于坐姿。背对顾客是不礼貌的。

**4. 练习站立姿势**

背靠墙站好，使自己的后脑勺、肩、臀部及脚跟均能与墙壁紧密接触。

## 二、坐姿礼仪

**1. 正确坐姿**

刚落座时要先把脚跟并拢，也可把右脚尖向前斜出，显得比较悠闲，不至于呆板，显示自然美。

**2. 注意事项**

餐厅服务人员练习坐姿时要注意如下事项。

（1）入座时要轻稳。先走到座位前，从左边慢慢坐下，动作要轻而稳。

（2）女服务员入座后要把裙子整理好。女服务员入座时要优雅，用手先把裙子向前拢一下，再坐下，入座后使右脚与左脚并齐。

（3）不要坐满椅子，一般只坐椅子的1/2或2/3。注意不要坐在椅子边上，膝盖不要顶着桌子。站起时，右脚先向后收半步，然后站起。

（4）男服务员坐下后可分开膝盖，女服务员坐下后则须双膝并拢。无论男女，无论何种坐姿，切忌膝盖分得太开，两脚呈八字形。女服务员可以采取小腿交叉的坐姿，但双腿不可向前伸直。切忌将小腿架到另一条大腿上。

（5）切忌脚尖朝天，不可随意跷二郎腿。

（6）不可抖腿。坐立时，腿部不可上下抖动或左右摇晃。在社交过程中，腿部动作会显露人的潜意识，例如，小幅度地抖动腿部、频繁地改变腿部的姿势、用脚尖或脚跟拍打地面、脚踝紧紧挨着等动作都是人紧张不安、焦躁、不耐烦情绪的表现。

（7）坐下后应该保持安静。不可一会儿向东看，一会儿向西看。

（8）双手自然放好。双手可相交放在大腿上，或自然地放在大腿上，也可轻搭在扶手上，但手心应向下，手不要乱动。

（9）不雅观的坐姿。坐在椅子上前俯后仰，或者把脚架在椅子上或沙发扶手、茶几上，都是极不雅观的。

（10）可侧坐。端坐时间过长会使人感到疲劳，这时可变换为侧坐。坐的时间长了想靠在沙发背上也是可以的，但不可把腿伸直、半躺半坐，更不可歪歪斜斜地躺在沙发上。

女服务员稳重端庄的坐姿如图 A-2 所示。

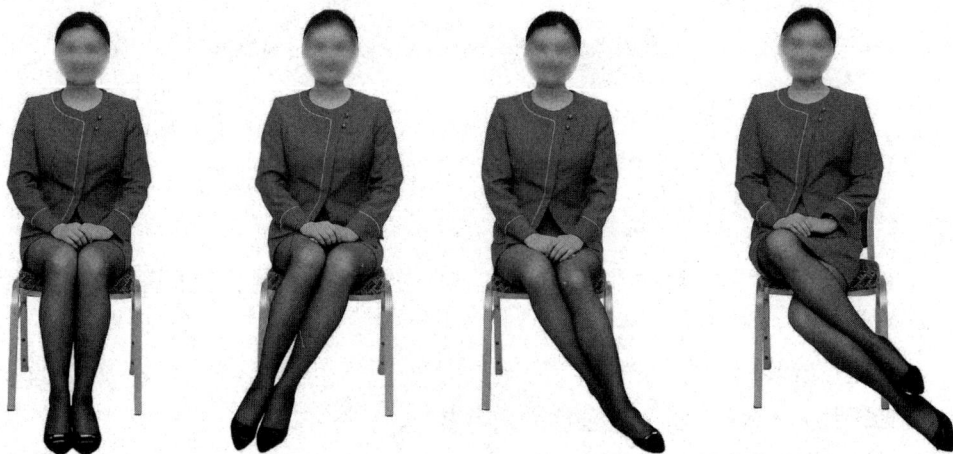

图 A-2　坐姿

## 三、走姿礼仪

### 1. 正确走姿

正确的走姿是脚正对前方，身体挺直、抬头、平视、微笑，双臂自然地前后摆动，肩部放松，步伐轻而稳。

### 2. 注意事项

餐厅服务人员练习走姿时要注意如下事项。

（1）切忌身体摇摆。行走时，切忌晃肩摇头、上身左右摆动，否则会让别人产生作风散漫、态度不严肃的印象。脚尖不要向内或向外，不要弯腰弓背、低头无神、步履蹒跚，否则会让别人觉得行走者压抑、疲倦。

（2）注视前方。走路时，眼睛应注视前方，不要左顾右盼、回头张望、总是打量行人，更不要一边走路，一边对别人评头论足。

（3）双手不可乱放。行走时，不可把手插在衣服口袋里或插在裤袋里，也不要叉腰或背着手。

（4）脚步干净利索。行走时，脚步要利索、有节奏感，不可拖泥带水，也不可重如打锤。

（5）几个人在一起行走时，不要勾肩搭背，也不要嬉笑打闹。多人一起行走时，不要排成行。

（6）有急事勿奔跑。如果有急事，可以加快脚步，但不可奔跑，特别是在过道里。

（7）走路要用腰力。走路时要用腰力，要有韵律感（见图 A-3）。走路时，如腰部松懈，会有吃重的感觉，不美观；拖着脚走路也不美观。

图 A-3　走姿

（8）展现振奋精神。心理学家认为，低头走路，双肩晃动和驼背，表示此人精神不振、消极自卑。

**3. 走姿练习**

练习走姿时可以采用头顶书本走路的方法。对走路时喜欢低头或将头部歪向一边及习惯晃动肩膀的人来说，这是一种很好的矫正手段。

## 四、蹲姿礼仪

在日常生活中，人们一般习惯于弯腰将掉在地上的东西捡起，但这种方式对餐厅服务人员来说是不合适的。

### 1. 注意事项

（1）下蹲拾物时应自然、得体、大方，不遮遮掩掩。

（2）下蹲时，两腿应合力支撑身体。

（3）下蹲时应使头、胸、膝关节朝向同一个方向，保持蹲姿优美。

（4）女服务员无论采用哪种蹲姿，都要将双腿靠紧，臀部向下（见图 A-4）。

图 A-4　蹲姿

### 2. 交叉式蹲姿

女服务员可采用交叉式蹲姿，下蹲时右脚在前，左脚在后，右小腿垂直于地面，全脚着地。右腿在上，左腿在下，二者交叉重叠。左膝由后下方伸向右侧，左脚跟抬起，脚掌着地。两腿靠紧，合力支撑身体；臀部向下，上身略向前倾。

### 3. 高低式蹲姿

下蹲时，左脚在前，右脚稍后，两腿靠紧向下蹲。左脚全脚着地，右脚脚跟抬起，脚掌着地。右膝低于左膝，右膝内侧靠于左小腿内侧，形成左膝高、右膝低的姿态，臀部向下，基本上以右腿支撑身体。

### 五、手势礼仪

#### 1. 直臂式

直臂式手势主要用于为顾客指引方向（见图 A-5），一般将手抬至胸部高度，五指伸直并拢，掌心斜向上，以肘关节为轴，朝特定方向指示。

图 A-5　直臂式手势

在指引方向时，餐厅服务人员的身体要侧向顾客，直到顾客表示已清楚了方向，再把手臂放下，向后退一步，施礼并说礼貌用语。

#### 2. 横摆式

横摆式手势主要用于迎宾（见图 A-6）。五指伸直并拢，掌心斜向上，手与前臂几乎成一条直线；右手经腹部抬起向右摆动，以肘关节为轴；手壁弯曲，但上臂与前臂不可成直角；左手自然下垂，不能将手臂放在身后；双脚呈丁字状；面带微笑，目视顾客。

一般情况下，餐厅服务人员要站在顾客右侧，并将身体侧向顾客。当顾客走近时，服务人员应向前走一小步，不要站在顾客正前方，要与顾客保持适当的距离。上步后，向顾客施礼、问候，行礼后向后撤步，先撤左脚再撤右脚，站成右丁字步。

图 A-6　横摆式手势

### 3. 曲臂式

曲臂式手势多用于迎客到门口时（见图 A-7）。右手五指伸直并拢，从身体的侧前方，由下向上抬起，上臂抬至与上身成 45 度角，然后以肘关节为轴，手臂由体侧向体前左侧摆动，呈曲臂状，请顾客进门。

图 A-7　曲臂式手势

### 4. 斜摆式

斜摆式手势多用于请客入座（见图 A-8）。双手扶椅背将椅子拉出，然后一只手臂由前抬起，以肘关节为轴，前臂从上向下摆动，使手臂向下成一斜线，表示请顾客入座。当顾客在座位前站好后，餐厅服务人员要用双手将椅子前移至合适的位置，请顾客坐下。

图 A-8　斜摆式手势

## 六、表情礼仪

表情是身体语言，是人内心情绪的反映。人们通过表情来表达喜、怒、哀、乐等感情。构成表情的主要因素包括目光和笑容。

### 1. 目光

眼睛是心灵之窗，从一个人的眼神中，可以看到他的内心世界。一个具备良好形象的人，其目光应是坦然、亲切、友善、有神的。

（1）注视的部位

与人交谈时，只有注视对方，才能表现出诚恳与尊重。注视范围为上至额头，下至衬衣的第二粒纽扣，左至左肩，右至右肩。

① 注视对方双眼，表示自己重视对方，正在认真听对方讲话，但注视时间不要太久。

② 注视对方额头，表示严肃、认真、公事公办。

③ 要注视对方眼部至唇部，表示亲切或关切。

需要注意的是，与人交往时，表现出冷漠的、呆滞的、疲倦的、轻视的眼神都是不礼貌的。切不可盯人太久或反复上下打量，更不可对人挤眉弄眼或用白眼、斜眼看人。

（2）注视的方式

不同的注视方式可表示与交往对象的亲疏。

① 平视或正视，常用于在普通场合与身份、地位相当的人进行交往。

② 仰视，主动居于低处，抬眼向上注视对方，表示尊重、敬畏对方。

③ 俯视，向下注视他人，表示对晚辈的宽容、怜爱，也可表示对他人的轻慢、歧视。

（3）注视的时间

注视的时间应控制在整个谈话时间的 1/3 ~ 2/3。注视的时间太少，表示冷落、轻蔑或反感；若长时间注视对方，特别是对异性和初识者，是不礼貌的。

### 2. 笑容

笑有微笑、大笑、冷笑、嘲笑等多种，不同的笑表达了不同的感情。微笑是指不露牙齿，两端嘴角略微提起的表情。微笑表示尊重、理解和友善。与人交往时面带微笑，可以使人感到亲切、热情，同时也容易得到别人的理解、尊重。

（1）微笑的礼仪

微笑的美在于适度、亲切、自然。微笑要诚恳、发自内心，做到"诚于中而形于外"，切不可故作笑颜，假意奉承。一般来说，餐厅服务人员应做到"微笑三结合"。

① 与眼睛相结合。当你微笑时，你的眼睛也要"微笑"，否则，给人的感觉是"皮笑肉不笑"。将微笑与眼睛结合，才会显得更亲切。

② 与语言相结合。微笑与问候语、敬语结合起来使用，会使对方感到你的话语是发自内心的。

③ 与身体相结合。微笑和点头、握手、鞠躬等礼节结合起来使用，会加重肢体语言的感情色彩。

（2）微笑的技巧

微笑是一种极具感染力的交际语言，不仅能快速缩短你和他人之间的距离，并且能传情达意。微笑看似简单，实则需要讲究一定的技巧。

① 微笑要自然。只有发自内心，才能笑得自然、笑得亲切、笑得得体。不能为笑而笑、不想笑装笑。

② 微笑要真诚。人们对笑容的辨别力非常强，一个笑容代表什么意思、是否真诚，人们都能敏锐地判断出来。所以，微笑时一定要真诚。真诚的微笑会让对方感受到温暖，引起对方的共鸣，加深双方的情感。

③ 使用不同含义的微笑。对不同的沟通对象应使用不同含义的微笑，传达不

同的感情。

比如，尊重、真诚的微笑应该是送给长者的，关切的微笑应该是送给晚辈的。

④ 微笑要恰到好处。微笑的目的是向对方表示尊重，我们倡导多微笑，但不是说要时刻保持微笑，微笑要恰到好处。

比如，当对方看向你时，你可以向他微笑并点头。当对方发表意见时，你可以一边听一边不时地微笑。如果不注意微笑程度，笑得放肆、过分、没有节制，就会让对方误会，甚至引起对方的反感。

⑤ 微笑要看场合。对人微笑也要看场合，否则就会适得其反。

比如，当顾客在餐厅举办追忆宴时，微笑就是很不合时宜的。因此，微笑一定要分清场合。

# 附录B 餐厅服务应会礼节

## 一、问候礼

问候礼是餐厅服务人员在接待顾客进店时使用的一种礼节，以问候、祝贺为主。问候可分为以下几种。

### 1. 初次见面的问候

看到顾客进入餐厅时，要说："先生（小姐），您好（欢迎光临），我是 ×× 号服务员（我是小 ×），很高兴为您服务！"

### 2. 时间性问候

与顾客见面时，要根据时间问候"早上好""中午好""下午好"等。

### 3. 对不同类型顾客的问候

到餐厅用餐的顾客类型很多，要对不同类型的顾客有区别地进行问候，例如，对过生日的顾客说"祝您生日快乐"，对新婚的顾客说"祝您新婚愉快"等。

### 4. 节日性问候

节日性问候一般用在节日前或节日后不久，如春节前后，应问候顾客"新年好"。

### 5. 其他问候

当顾客身体欠佳或顾客醉酒时都应问候，以示对顾客的关心。

## 二、称呼礼

称呼礼是餐厅服务人员在服务过程中与顾客打交道而称呼对方时使用的一种礼节。称呼要切合实际情况。

### 1. 一般习惯性称呼

在称呼顾客时，一般称男子为"先生"，称女子为"女士"。

### 2. 按职位称呼

如果已经知道顾客的职位，要称呼其职位，如"王主任""李经理"等。

### 三、应答礼

应答礼是餐厅服务人员与顾客交谈时使用的一种礼节。

（1）在解答顾客的问题时，要保持良好的站姿，不背靠他物，语气要温和，要有耐心，双目注视对方，认真听对方讲话，以示尊重。

（2）对于顾客的赞扬、批评、指教、抱怨，应以恰当的语言回答，不能置之不理。

（3）在为顾客解决问题时，语气要委婉，如顾客提出的某些要求超出了自己的权限，应及时请示上级及有关部门，尽量避免说否定语，如"不行""不可以""不知道""没有办法"等，可回答："对不起，我没有这个权限，我请示一下领导，您看行吗？"

### 四、操作礼

操作礼是餐厅服务人员在日常工作中使用的一种礼节。餐厅服务人员既要做好服务工作又要保证不失礼，必须注意以下两点。

（1）在日常工作中要着装整洁，注意仪表，举止大方，态度和蔼，在工作时间不大声喧哗，不开玩笑。在进入顾客房间之前要先敲门，敲门时要用指关节有节奏地轻敲，在获得顾客同意后再进去，开门、关门的动作要轻，尽量不要发出响声。

（2）工作时，如影响到顾客，应表示歉意，说"对不起，打扰一下"或"对不起，请让一下好吗"等。

### 五、迎送礼

迎送礼是餐厅服务人员迎送顾客时使用的一种礼节。

（1）看到顾客进店时，要主动向顾客问好。在此过程中，要按先主宾后随员、先女宾后男宾的顺序进行引导，要主动搀扶老弱病残顾客。

（2）看到顾客用餐完毕离开时，应逐一向顾客道别。送别顾客时要热情得体。

### 六、宴会礼

不论何种宴席，餐厅服务人员都要懂得一定的礼节。在为宴会顾客提供服务的过程中要按一套规定的礼节操作，如斟酒、上菜必须按一定的顺序，摆放菜品时要遵循一定的规则。席间服务需依据宴会主题提供，应符合当地的风俗习惯等。

## 七、鞠躬礼

鞠躬礼是晚辈对长辈、下级对上级及初次见面的朋友之间使用的一种礼节。行鞠躬礼时须先摘帽子，用立正姿势，两眼注视受礼者，上身前倾 50° 左右，而后恢复原来的姿势。

## 八、致意礼

一般情况下，点头致意是同级或平辈之间使用的一种礼节。在日常工作中，当餐厅服务人员与顾客多次见面时，在问候顾客"您好"的同时还要点头微笑致意。

## 附录C　餐厅服务应懂知识

### 一、餐饮服务的基本特征

为了给顾客提供最好的服务，餐厅服务人员一定要熟练掌握餐饮服务的基本特征。

#### 1. 不可量化性

餐厅管理者虽然无法量化分析服务质量，但可以通过顾客用餐后的评价判断服务质量的优劣。服务人员必须接受专业训练，为顾客提供优质的服务，尽可能满足其消费需求。

#### 2. 不可储存性

餐饮服务具有不可储存性。当顾客用餐结束离开餐厅时，服务也结束了，不能储存到下次使用，顾客只有亲临餐厅用餐才能享受服务。

#### 3. 不可转让性

顾客无法把其享受的服务转让给第三方，仅以"当时"为限。等到其再次光临时，会因服务人员或就餐环境等的不同，获得另外的就餐服务。

#### 4. 同步性

餐饮服务的特点之一就是服务人员在接到顾客提出的要求后才可提供相应的服务。当顾客指定菜品后，餐厅就确定了其消费形态和类别，厨房也依据菜单内容开始整理、制作。因此，餐饮服务的生产、销售和消费这三个环节几乎是同时进行的。

#### 5. 有价性

餐饮服务是一种有偿服务，其本身具有价值，能为餐饮企业带来利润。优质的服务是餐饮企业获得成功的重要因素之一，它能够为餐饮企业带来效益。

#### 6. 直接性

餐饮服务的生产、销售和消费的效果能直接体现出来。这一特点决定了餐饮服务不同于一般的商品销售活动。因此，如果在服务过程中出现差错，如服务人员上菜时不小心把汤汁洒在了顾客身上，则其造成的不良影响只能通过其他途径予以弥补。

### 7. 灵活性

顾客来自不同的国家或地区，有不同的文化背景、年龄、职业、思想意识和道德规范，并且遵循不同的风俗礼仪、饮食习惯等。因此，服务人员在工作中应具备一定的灵活性，满足不同的顾客在就餐过程中的不同需求。

### 8. 差异性

不同餐饮企业之间的服务存在差异性，即使在同一家餐厅也会因服务对象、服务人员、厨师、菜单等的差异或时间的不同，出现多种多样的服务模式和形态。

### 9. 规范性

随着餐饮行业的发展，餐饮服务必须具有统一的服务标准和规范，以不断提高整体服务水平。餐饮企业只有制定服务标准和规范，才能有章可循，对服务人员进行规范化管理，使每位服务人员能够遵照标准认真执行各项服务规程，形成统一、规范的服务水准，展示企业的面貌和特色。

## 二、不同类型顾客的特点

来餐厅消费的顾客来自五湖四海，其年龄、性格、身份和消费习惯等都不相同。因此，服务人员要了解不同类型的顾客，有针对性地为其提供服务。

### 1. 不同年龄的顾客

不同年龄顾客的特点与应对方法如表 C-1 所示。

表 C-1　不同年龄顾客的特点与应对方法

| 类别 | 特点与应对方法 |
|---|---|
| 青年顾客 | 青年顾客喜欢新潮时尚的东西，服务人员可以为他们推荐新鲜的菜品或各种不同风味和制作方法的菜品，青年顾客的经济能力一般不强，因此推荐的菜品的价格不宜太高。为青年顾客服务时，应该做到亲切自然，不必太殷勤，但也不能太冷淡，适度即可。上菜速度要尽量快，通常青年顾客缺乏耐心，如果等得太久，他们会感到烦躁 |
| 中年顾客 | 中年顾客对饮食要求不高，但非常重视孩子的饮食健康。服务人员可多介绍一些营养价值高又实惠的菜，或向孩子推荐一些新奇有益的饮料 |
| 老年顾客 | 很多老年顾客吃饭时喜欢热闹的气氛，对工艺品颇感兴趣。为老年顾客服务时要细心周到，让他们体会到无微不至的关怀，可多向他们推荐一些营养价值高、酥软易消化的菜品 |

### 2. 不同性格的顾客

不同性格顾客的特点与应对方法如表 C-2 所示。

**表 C-2　不同性格顾客的特点与应对方法**

| 类别 | 特点 | 应对方法 |
| --- | --- | --- |
| 活泼型顾客 | 活泼型顾客性格开朗，善于和人交往，给人一种随和、好相处的感觉，就餐气氛一般比较活跃 | 在为这类顾客提供服务时，要表现得主动热情，多和顾客交流，以赢得顾客的好感。在和这类顾客沟通时，可以采取积极的推销策略，如推荐一份套餐或主动介绍餐厅的特色菜等，这样可以很快得到顾客的认同 |
| 急躁型顾客 | 急躁型顾客的性格比较急，希望自己的要求能马上得到满足；要求服务人员有问必答；提出要求时，喜欢采用定性的语言，有时还会使用手势加强感情；对服务感到不满时很容易生气，过后又往往会为自己的冲动而后悔。这类顾客心直口快、性格直爽 | 在为这类顾客提供服务时，要沉着冷静，保持平和的心态，行走迅速、语言简练，对顾客提出的任何要求均能给予准确的回答 |
| 稳重型顾客 | 稳重型顾客通常不会提出过多的要求，但他们很看重服务质量 | 在为这类顾客提供服务时，应严格遵循服务程序与标准。严谨的工作作风、专业的操作方式、恰当的语言表达等，可使服务质量达到顾客期望的水平 |

### 3. 不同消费类型的顾客

不同消费类型顾客的特点与应对方法如表 C-3 所示。

**表 C-3　不同消费类型顾客的特点与应对方法**

| 类别 | 特点 | 应对方法 |
| --- | --- | --- |
| 求新型顾客 | 求新型顾客喜欢刺激，追求标新立异。这类顾客大多是年轻时尚的人，喜欢追赶潮流，希望服务新颖、别致 | 餐厅应经常推出新菜品及标新立异的服务，以增强对这类顾客的吸引力 |
| 信誉型顾客 | 信誉型顾客注重获得良好的心理感受。他们非常看重餐厅的菜品特色，以及就餐环境的清洁、安全、舒适，希望获得愉快的心理感受 | 在为这类顾客提供服务时，要特别小心，尽量满足其需求，照顾其心理感受 |

（续表）

| 类别 | 特点 | 应对方法 |
|---|---|---|
| 享受型顾客 | 享受型顾客比较注重品位，多是高档菜品和高级包间雅座的消费者 | 餐厅不仅要提供高水平的菜品和优秀的就餐环境，还要让服务人员提供全面、优质的服务 |
| 便利型顾客 | 便利型顾客注重服务场所和服务方式的便利性。这类顾客大多具有很强的时间观念，不喜欢排队、等候及服务人员漫不经心、不讲效率 | 在为这类顾客提供服务时，要处处为顾客着想，为他们提供便捷、高质量的服务 |
| 求廉型顾客 | 求廉型顾客非常关注菜品的价格。这类顾客很节俭，处处精打细算，不喜欢浪费，他们非常注重菜品和服务的价格，对质量没有太高的要求 | 在为这类顾客提供服务时，要多推荐符合其需求的菜品和服务项目 |

## 三、中餐菜系基础知识

餐厅服务人员只有充分了解菜系的基础知识，才能有针对性地介绍和推荐菜品，满足顾客的需求。

### 1. 鲁菜

鲁菜是山东菜的简称，由济南、胶东地区（包括烟台、青岛）的地方菜组成。鲁菜的特点是口味鲜、形态美、加工精细，功在火候。

（1）鲁菜的技法

鲁菜的技法以爆、炒、炸、熘、煸、焖、扒见长，尤以爆、煸为世人称道。鲁菜的爆可分为油爆、汤爆、葱爆、酱爆、芫爆等。用爆制菜需用旺火，这有利于保持蔬菜的营养元素。

煸是鲁菜独有的技法。菜品要提前腌渍入味，或夹入馅心，再沾粉或挂鸡蛋糊，用油煸煎至两面金黄色时，再放入调料和清汤，以慢火收汁。其代表菜锅煸豆腐、锅煸鱼扇等被众多顾客偏爱。

（2）鲁菜味型

鲁菜的味型主要是咸、鲜、酸、辣，其特点如表 C-4 所示。

表 C-4　鲁菜味型特点

| 味型 | 特点 |
|------|------|
| 咸 | 咸被视为鲁菜的基本味，鲁菜将盐作为调和五味的根本。鲁菜多用盐水，用盐水调出的味比用盐调出的味更均匀。此外，鲁菜还使用酱、酱油、豆豉、豉汁、腐乳等调味品 |
| 鲜 | 鲜味多源于清汤、奶汤。除甜菜外，所有菜在炒制中都要用汤。在爆炒、清炒、熘、煸的兑汁中，都要加入清汤。在白扒菜中要加入奶汤 |
| 酸 | 酸味基本上源于醋。在菜品中醋不仅有酸味，还有香味。用热油先烹醋，待香味挥发出来，再放入主料。在鲁菜中，糖醋瓦块鱼的糖醋汁即属甜酸味型。鲁菜在汤汁中直接加醋而取其酸，如醋辣鱼、醋酸鱼块、山东蒸丸皆属酸味较浓的菜 |
| 辣 | 山东人喜欢葱的辣味。大葱以章丘大葱最为有名，味甘而辛，可生食，用生葱蘸甜面酱更别具风味。这种吃法随山东名菜烤鸭、锅烧肘子、清炸大虾等进入高档宴席。鲁菜喜欢以葱香作调味，无论爆、炒、烧、熘还是调汤，都以葱炝锅 |

## 2. 川菜

川菜以四川、重庆两地为代表。川菜常用的烹制方法有30余种，其中尤以小煎、小炒、干烧、干煸独具特色。

每种制作方法都有独特、完整的工艺要求。同一种烹调方法，因原料、味别的差异，其菜式制法又各具特色，如炒有生炒、熟炒、小炒、软炒等几种，一种炒法之中又可分为贴锅炒、沙炒、盐炒、油炒等。

（1）川菜独有的烹制方法

小煎、小炒、干烧、干煸为川菜独有的烹制方法。小煎、小炒时不过油，不换锅，急火短炒，一锅成菜，菜品鲜而不生，滚烫喷香。干烧时，微火慢烧，用汤不满，自然收汁。干煸时，中火宽油、反复煸炒，菜品散发干香。

（2）川菜味型

川菜味型尤为突出。四川出产独具特色的调味品，如郫县豆瓣酱、自贡川盐、保宁醋、潼川豆豉、涪陵榨菜、新繁泡姜和泡辣椒等。川菜有"一菜一格、百菜百味"的美誉，其中的"格"和"味"都是用这些独特的调味品调制出来的。厨师可凭技艺调制出咸味、鲜味、糖醋味、鱼香味、家常味、陈皮味、怪味等各具特色的复合味。

怪味、鱼香味、家常味是川菜独特的三大味型。

① 怪味，是用姜、蒜、葱、白糖、花椒面、红油、醋、白酱油、芝麻油、味

精等10余种调料调成的。怪味集甜、麻、辣、香、鲜于一体，不能突出某一味，而要味中有味、重叠和谐。

② 鱼香味，要求成菜兼有咸、甜、酸、辣四味，突出葱、姜、蒜味。

③ 家常味，其基本味型是咸、鲜、微辣，味道浓淡随菜式而定。

### 3. 粤菜

粤菜也称广东菜，由广州、潮州、东江三地的风味菜组成，其特点如表C-5所示。

表C-5 粤菜特点

| 类别 | 特点 |
| --- | --- |
| 广州菜 | 广州菜包括肇庆、韶关、湛江等地的风味菜。其特点是取料广、选料精、配料奇、技艺精、善变化、品种多，讲究清鲜、嫩脆、滑爽。特别擅长炒、煎、炆、炸、煲、炖、扣等技法。其代表菜有龙虎凤烩、白云猪手、蚝油网鲍片等 |
| 潮州菜 | 潮州菜刀工精细，善烹海鲜，汤菜尤具特色。口味偏重香、浓、鲜、甜、清醇。汤菜多用鱼露、沙茶酱、梅子酱、红醋等调料。擅长焖、炖、烧、焗、炸、蒸、炒、泡等技法。其代表菜有柠檬炖鸭、潮州烧鹅、鲜炸蟹塔等 |
| 东江菜 | 东江菜又名客家菜。东江菜的原料多用禽畜肉，极少用水产。主料突出，用油重，口味偏咸，以砂锅菜见长，以烹制鸡、鸭著称。烹调方法多而善变，常用蒸、炖、烩等方法。其代表菜有东江盐焗鸡、东江全鸭、煎酿豆腐、东江鱼丸等 |

### 4. 苏菜

苏菜是江苏菜的简称，其影响范围遍及长江中下游地区。苏菜主要分为淮扬菜、金陵（江宁）菜、苏锡菜和徐海菜四个流派。

（1）淮扬菜

淮扬菜的主要分布范围以扬州、两淮（淮阴区、淮安区）为中心，以大运河为主干，南至镇江，东至南通，北至盐城。淮扬菜的口味以清淡见长，咸甜适中。扬州不仅保存了大量的传统菜，也创新了许多佳味。例如，三套鸭、将军过桥、醋熘鳜鱼、文思豆腐都是有口皆碑的名菜。两淮鳝鱼席久负盛名，其中以炝虎尾、生炸蝴蝶片、炒软兜十分有名。镇江的鲥鱼、刀鱼、鳜鱼菜远近驰名，清蒸鲥鱼则是席上珍品。南通以烹制海鲜、禽类菜闻名。其代表菜有清炖蟹黄狮子头、珊瑚虾仁、天下第一鲜等。

（2）金陵（江宁）菜

金陵（江宁）菜又称京苏大菜，指南京菜。南京菜在口味上兼取四方之美，适应八方之味，擅长焖、炖、叉烧、烤等，以滋味柔和、醇正适口为特色。其代表菜有金陵桂花鸭、拆烩鲢鱼头、炖蒸核仁、金陵扇贝等。

（3）苏锡菜

苏锡菜的主要分布范围以苏州、无锡为中心。春秋时期，著名的苏锡菜是吴国堂邑人专诸所做的"金鱼炙"。到了唐代，苏锡菜转变为重火候，善用炖、焖、煨、焐等技法，原料以水产贝虾为主，兼取爆、炒、煎、炸等技法，变得更为丰富多彩。其口味由重甜、浓油、咸鲜逐渐趋向清新爽口。苏锡菜注重造型，细腻玲珑。其代表菜有碧螺虾仁、雪花蟹斗、松鼠鳜鱼、鸡茸蛋、香脆银鱼、镜箱豆腐、常熟叫花鸡等。

（4）徐海菜

徐海菜是指徐州沿东陇海线至连云港一带的地方风味菜。

徐海人爱食羊肉，几乎所有餐厅都有羊肉菜。徐海菜的口味以咸鲜为主，以猪肉、羊肉、鸡肉和冬令时蔬制作菜点，特别注重原汤原味、一菜一味。在烹饪技巧上，徐海菜精于炒、爆、熘、干炸。糖醋黄河鲤鱼在徐海享有盛名，徐海酒宴素有"无鲤不成席"之说。

总之，苏菜的特点为选料严谨，制作精细，因材施艺，四季有别。其烹调技法注重炖、焖、蒸、炒、烧，善调汤，保持原汁原味，汤汁应用面广，口味淡而不薄，浓而不腻。菜品酥烂脱骨而不失形，滑嫩爽脆而不失其质。

### 5. 浙菜

浙菜由杭州、宁波、绍兴和温州四个地方的风味菜组成，其特点如表 C-6 所示。

表 C-6　浙菜特点

| 类别 | 特点 |
| --- | --- |
| 杭州菜 | 杭州菜是浙菜的主流，传承南宋以来历代名厨的技艺，制作精细，清鲜爽脆，淡雅细腻，具有古都的典雅特色。其代表菜有西湖醋鱼、东坡肉、龙井虾仁、生爆鳝片、干炸响铃、油焖春笋、宋嫂鱼羹、叫花童子鸡、西湖莼菜汤等 |
| 宁波菜 | 宁波菜的味型以鲜、咸为基础，注重保持原汁原味。用料实在，色重，口味较浓。因宁波濒临东海，故擅长烹制海鲜。其代表菜有雪菜大汤黄鱼、锅烧鳗鱼、黄鱼羹、冰糖甲鱼、目鱼大烤、三丝拌蛤等 |
| 绍兴菜 | 绍兴菜以绍兴酒糟烹制的糟菜著称，香酥糯绵，汤浓味重。绍兴菜的原料以河鲜、家禽为主，具有浓厚的乡村风味。其代表菜有糟鸡、糟熘虾仁、干菜焖肉、绍兴虾球等 |

（续表）

| 类别 | 特点 |
| --- | --- |
| 温州菜 | 温州在我国古代被称为"东瓯"，素以"东瓯名镇"著称。温州菜以烹制海鲜见长，口味清淡，淡而不薄；烹调讲究"二轻一重"（即轻油、轻芡，重刀工）。其代表菜有爆墨鱼丝、网油黄鱼、炸熘黄鱼、蒜子鱼皮等 |

#### 6. 徽菜

徽菜是安徽菜的简称，由皖南、沿江和淮北三个地方的风味菜组成。其中，徽州地方菜是皖南风味菜的代表，是徽菜的主流。

（1）徽州地方菜擅长烧、炖，讲究火工，惯以火腿佐味、冰糖提鲜，善于保持原汁原味。不少菜用木炭火单炖，不仅体现了徽州地方菜的古朴典雅风貌，而且菜香四溢，可提升食欲。其代表菜有火腿炖甲鱼、冰糖香莲、清炖马蹄鳖、黄山炖鸡等。

（2）沿江风味菜盛行于芜湖、安庆、合肥等地，以烹调河鲜、家禽见长，讲究刀工，注重造型，以糖调色，其烟熏技术别具一格。沿江风味菜具有酥嫩、鲜醇、清爽、浓香的特点。其代表菜有毛峰熏鲥鱼、清香砂焐鸡。

（3）淮北风味菜主要由蚌埠、宿县、淮北等地的风味菜构成，其特点是咸中带辣、汤汁口重、色浓，惯用香菜作佐料和点缀。常用的烹调技法是烧、炸、熘，菜品质朴、酥脆、咸鲜、爽口。其代表菜有符离集烧鸡、葡萄鱼、奶汁肥王鱼、香炸琵琶虾等。

#### 7. 湘菜

湘菜是湖南菜的简称，由湘江流域、洞庭湖畔、湘西山区等地的风味菜汇集而成。

（1）湘江流域风味菜

以长沙、湘潭、衡阳为中心的湘江流域的风味菜是湘菜的主流。其特点是用料广泛、制作精细、品种多样、油重色浓，制作上以炒、蒸、腊、炖、煨等技法见长，口味则注重酸辣、香鲜、软嫩。其代表菜有东安子鸡、冰糖湘莲、紫花脱袍、糖醋脆皮鱼等。

（2）洞庭湖畔风味菜

洞庭湖畔的风味菜善用炖、烧、腊等技法，以烹制河鲜和家畜家禽著称。其特点是芡大油重，咸辣香软。其代表菜有麻辣子鸡、剁椒鱼头、五元神仙鸡等。

（3）湘西山区风味菜

湘西山区的风味菜中多见烟熏腊肉和腌肉。其口味侧重咸、香、酸、辣，有浓郁的山乡特点。其代表菜有炒腊野鸭条、腊味合蒸、湘西酸肉等。

湘菜突出的地方风味特色是重辣味和熏、腊制品居多。因为湖南的气候温暖潮湿，所以人们喜爱食用可祛风除湿的辣味食品。食品经熏、腊后容易保存且别具风味。

**8. 闽菜**

闽菜又称福建菜。福建各地的自然条件不同，其饮食习俗有很大的差异。依据各地不同的风味特色，闽菜可分为福州菜、闽南菜、闽西菜等，其特点如表 C-7 所示。

**表 C-7 闽菜特点**

| 类别 | 特点 |
| --- | --- |
| 福州菜 | 福州菜是闽菜的代表，在以福州市为中心的闽东、闽北地区较流行。福州菜形成于南宋时期。当时，中原士族南下，带来了制作中原菜及苏杭菜的技艺，加之不断吸收北方菜、江西菜、徽菜、湘菜、粤菜等特点，自身特色日趋明显。其特点是清淡、鲜美、爽口、偏甜、偏酸，特别讲究汤菜制作。其代表菜有佛跳墙、淡糟炒香螺片、鸡汤汆海蚌等 |
| 闽南菜 | 闽南菜主要分布于晋江、泉州、厦门、漳州等闽南地区，以烹饪海鲜见长。闽南菜选料严谨，讲究调味，操作仔细，炒、炸、熘、焖、蒸、煨、炖等技艺突出。其菜品具有鲜、浓、香、烂等特色。口味略带甜、酸、辣，善用沙茶、芥末作调味品。其代表菜有龙身凤尾虾、沙茶焖野鸡、沙茶炒牛肉、通心河鳗、芙蓉鲟鱼等 |
| 闽西菜 | 闽西菜主要分布于闽西山区。其特点是有浓郁的南方山区色彩，用料多为山区出产的笋、菇、芋、薯，鸡、鸭、猪、牛、羊、蛇、鱼、虾、龟、鳖等。刀工粗犷，调味品少，风味纯正，鲜美偏咸。菜量一般很大，以显示客家人的热情好客。其代表菜有爆牛七品、太极芋泥等 |

**9. 京菜**

京菜又称京帮菜，它是以北方菜为基础，兼收各地风味后形成的。

京菜融合了北京本土菜、山东菜、官府菜等各种菜系的特色，具有独特的历史韵味。从烹调方法来看，京菜以油爆、盐爆、酱爆、汤爆、水爆、锅爆、糟熘、白扒、烤、涮等为主要手法，以咸、甜、酸、辣、糟香、酱香为主要口味。其代表菜有北京烤鸭、菜包鸡、涮羊肉、手抓羊肉、琥珀鸽蛋、油爆双脆、水爆肚仁、葱爆羊肉、三不粘、醋椒桂鱼、珍珠大乌参、糟熘鱼片等。

（1）鲁菜对京菜的影响

鲁菜对京菜的影响十分深远。鲁菜中的胶东风味和济南风味在京互相融合交流，形成了以爆、炒、炸、熗、熘、蒸、烧等为主要技法，口味浓厚之中又见清鲜脆嫩的北京风味。

（2）清真菜在京菜中占有重要位置

清真菜以牛羊肉为主要原料。著名的"全羊席"中的菜就是用羊身上的各个部位制成的，是京菜的重要代表。另外，烤肉、涮羊肉、煨羊肉历史悠久、风味独特，深受大众喜爱。

（3）宫廷菜在京菜中地位显著

宫廷菜用料珍贵、调味细腻，菜名富有诗情画意。现在的京菜多是留传下来的明清宫廷中的菜。其代表菜有抓炒鱼片、红娘自配、脯雪黄鱼等。

（4）谭家菜对京菜的影响

谭家菜是京菜的代表，讲究原汁原味，咸甜适中，不惜用料，火候足。

**10. 沪菜**

沪菜即上海菜，也称本帮菜，是我国主要的地方风味菜之一。沪菜以浓油赤酱、咸淡适中、保持原味、醇厚鲜美为特色。为适应当地人的口味，沪菜渐由原来的重油赤酱趋向淡淡爽口。沪菜善于用糖，别具江南风味。

沪菜的特点如下。

（1）讲究原料新鲜。沪菜多选四季时令蔬菜，鱼以江浙两省产的为主，一年四季都有活鱼供客选择。

（2）品种多，四季有别。

（3）讲究烹调方法，并不断改进。沪菜的烹调方法由原来的烧、蒸、煨、窝、炒并重，逐渐转变为以烧、生煸、滑炒、蒸为主，其中生煸、滑炒十分常见，特别善烹四季河鲜。

（4）口味有了很大变化。原来的沪菜以浓汤、浓汁厚味为主，后来逐步变为卤汁适中，既清淡素雅，又浓油赤酱，讲究鲜嫩、色泽，鲜咸适口。特别是夏秋季节盛行的糟味菜，香味浓郁，颇有特色。

如今的沪菜具有原料新鲜、品质优良、刀工精细、制作考究、火候恰当、清淡素雅、咸鲜适中、口味多样、适应面广、风味独特等特点。

## 四、酒水基础知识

**1. 酒**

（1）中国白酒

我国传统名酒有贵州茅台酒、四川五粮液、山西汾酒、贵州董酒、四川剑南春、泸州老窖、江苏洋河大曲、安徽古井贡酒等。现简单介绍其中六种，如表 C-8 所示。

表 C-8　我国六大传统名酒及其特点

| 名称 | 特点 |
|---|---|
| 茅台酒<br>（酱香型） | 茅台酒产于贵州省仁怀市茅台镇，以优质小麦和红高粱为原料，用水取自高山深谷的深井水。酒液纯净透明，酱香突出，酒体醇厚，幽雅细腻，空杯留香，饮后回味无穷 |
| 汾酒<br>（清香型） | 汾酒产于山西汾阳市杏花村，以当地高粱为原料，取村中清澈纯净井水酿制而成。其酒液晶莹透明，清香味美，酒味甜醇，酒质纯净，酒力强健而无刺激性 |
| 五粮液<br>（浓香型） | 五粮液产于四川省宜宾市，以高粱、糯米、大米、玉米和小麦为原料，用取自岷江江心的纯净江水酿成。其酒液清澈透明，柔和甘美，无强烈的刺激性，落喉净爽，各味皆谐，具有独特的风格 |
| 剑南春<br>（浓香型） | 剑南春产于四川省绵竹市，以高粱、大米、糯米、玉米、小麦为原料酿成，品质优良。酒液清亮，口感细腻，入喉顺滑，余味丰富 |
| 古井贡酒<br>（浓香型） | 古井贡酒产于安徽省亳州市，以本地高粱为原料，用大米、小麦、豌豆制曲，加上古井佳水，酿制的酒液清澈透明如水晶、香醇如幽兰，黏稠挂杯，酒味醇和，浓郁甘甜，余香悠长 |
| 洋河大曲<br>（浓香型） | 洋河大曲产于江苏省泗阳县洋河镇，以精选的江苏优质高粱为原料，以小麦、大麦、豌豆为糖化发酵剂，采用当地著名的"美人泉"之清澈泉水酿成。酒液清澈，口感醇厚，余味爽净 |

（2）外国酒

国外主要的产酒国有法国、意大利、德国、奥地利、希腊、西班牙、葡萄牙、匈牙利、智利、美国、日本、澳大利亚等。部分知名外国酒如表 C-9 所示。

表 C-9　部分知名外国酒

| 类别 | 特点 |
|---|---|
| 白兰地 | 白兰地是用葡萄等水果发酵后蒸馏而成的一种烈酒。蒸好的酒需放在橡木桶里经过相当长时间的贮藏 |
| 威士忌 | 威士忌多以大麦、玉米为原料，以麦芽为糖化剂，经糖化、发酵、蒸馏而成，可与汽水、柠檬配饮 |

（续表）

| 类别 | 特点 |
| --- | --- |
| 伏特加 | 伏特加通常以马铃薯或多种谷物为原料，经发酵、蒸馏过滤而成，酒精度高达 90°，是一种烈酒 |
| 琴酒 | 琴酒又称金酒、松子酒，其制法是将 75% 的玉米、15% 的大麦芽、10% 的其他谷物经过搅拌、加热、发酵，再用连续蒸馏器蒸馏，接着加入蒸馏水，然后在蒸馏器中加入香料（如苦杏仁、小豆蔻、杜皮、白芷、柠檬、橙皮及杜松莓等）再蒸 |
| 朗姆酒 | 郎姆酒以甘蔗汁、甘蔗糖蜜、甘蔗糖浆或其他甘蔗产物为原料，是一种蒸馏酒，一般为琥珀色、棕色 |
| 甜酒 | 甜酒又称利口酒，是在白兰地、威士忌、朗姆酒、琴酒、伏特加、葡萄酒中加入一定的"加味材料"（如果皮、砂糖、香料等），经蒸馏、浸泡、熬煮而成的 |
| 香槟 | 香槟是一种含气体的葡萄酒。味甜，不含大量酒精，很受大众喜爱 |
| 日本米酒 | 日本米酒的制法近似于我国的黄酒，一般是经过洗料、蒸煮、发酵、加饭、过滤、陈酿后提取而成的 |

（3）啤酒

① 国内名牌啤酒。我国的名牌啤酒有很多，如青岛啤酒、雪花啤酒、燕京啤酒、珠江啤酒、哈尔滨啤酒等。以下介绍其中的两个品牌。

A.青岛啤酒。青岛啤酒的生产始于 1903 年。青岛啤酒属淡色啤酒，酒度为 3.5°，原麦汁浓度为 12°。这种啤酒选用较好的大麦为原料，先制成麦芽，再经糖化，制造时添加该厂自己生产的优质啤酒花，经煮沸、冷却发酵、贮藏等工序制成。产品的特点是色泽淡黄，清澈透明，泡沫洁白，细腻而持久，具有显著的麦芽清香及啤酒花特有的苦味，十分爽口。

B.雪花啤酒。雪花啤酒的生产始于 1993 年。雪花啤酒泡沫洁白如雪，溢香持久，酒液淡黄，明亮有光；有酒花香气和麦芽清香，香气纯正；注入杯内，细腻洁白如雪花的泡沫立即浮起，可持续 5 分钟，犹如一层积雪覆盖于酒液之上。

② 国外名牌啤酒。国外较知名的啤酒品牌有慕尼黑啤酒、多特蒙德啤酒、比尔森啤酒、司陶特啤酒等。

**2. 茶**

我国是茶的故乡，拥有种类繁多的茶（见表 C-10）。

表 C-10　名茶简表

| 类别 | 特点 |
|---|---|
| 乌龙茶 | 乌龙茶以福建产的最为知名。其中,"岩茶"是珍品,以武夷山产的最好;"铁观音"为优良品种,以安溪县产的最佳;"水仙"是上品,以崇安、建瓯产的有名。乌龙茶的特点是香气馥郁、回味悠长、耐冲泡 |
| 碧螺春 | 碧螺春以江苏吴县太湖之滨的东西洞庭产的为最佳。其主要特点是条索纤细、卷曲成螺、茸毛披覆、银绿隐翠、泡水碧清,伸展的叶子如雀舌、味醇、气芬芳 |
| 龙井 | 龙井产于杭州郊区和西湖附近,有狮峰龙井、梅坞龙井、西湖龙井三个品级,以狮峰龙井为最佳。其主要特点是色绿、香郁、味甘醇、形美、水色清亮 |
| 普洱 | 普洱主要产于云南省勐海县。其主要特点是条索肥壮、茶嫩、多白毫、色泽青绿、滋味醇厚、香气独特、耐冲泡,可助消化、化痰去湿、暖胃生津 |
| 云雾茶 | 云雾茶是江西庐山的特产,主要特点是味醇、色秀、香馨、液清 |
| 君山银针茶 | 君山银针茶以湖南岳阳君山产的最为知名。其主要特点是芽头苗壮、紧实而挺立,茶芽大小均匀,白毫显露,形如银针,内呈金黄色。冲泡后,香气清鲜、汤色橙黄、叶底明亮、茶叶甘醇、清香可口 |
| 祁红茶 | 祁红茶以安徽祁门一带产的最为知名。其特点是外形紧细、色泽油润、香气浓烈、水色红亮 |
| 毛尖 | 毛尖是河南省的特产,以信阳地区产的为最佳,故又称信阳毛尖。其主要特点是外形紧细、峰苗挺秀、芽叶鲜嫩、水色清绿、滋味醇厚、香气清远 |
| 黄山毛峰 | 黄山毛峰以安徽歙县黄山产的为珍品。其主要特点是芽叶肥壮、身披银毫、油润光滑、色似象牙、茶汤清澈、醇香鲜爽、回味甘甜 |
| 滇红茶 | 滇红茶以云南西双版纳产的为最佳。其特点是条索肥壮、毫尖呈金黄色、滋味浓厚、水色鲜艳带金黄色 |
| 茉莉花茶 | 茉莉花茶以福建省福州市产的为最佳。其主要特点是外形美、汤色清、香味浓 |
| 猴魁茶 | 猴魁茶产于安徽黄山山脉的猴坑。其主要特点是白毫多而不露、茶色苍绿、香气高爽、味浓而带甜 |

**3. 咖啡**

各类咖啡的制作方法有所不同(见表 C-11)。

191

表 C-11　各类咖啡的制作方法

| 类别 | 制作方法 |
|---|---|
| 法式咖啡 | 将咖啡放入壶内，注入水，咖啡与水的比例是 1 : 30，上火煮沸后再用微火煮 10 分钟，过滤后倒入另一壶内。上台时将咖啡倒入咖啡杯，另将烧开的鲜牛奶和罐装牛奶装入奶罐内搅匀单独端上 |
| 皇家咖啡 | 先将咖啡杯加热，倒入冲好的咖啡；然后将方糖放在皇家咖啡的专用银匙上，再在方糖上加白兰地，在方糖上点火，燃烧 1 分钟左右；火焰熄灭后趁热将有酒味的糖稀调入咖啡，再在表面上装饰一点奶油 |
| 维也纳咖啡 | 先将咖啡杯加热，加两茶匙砂糖；然后将冲好的咖啡加入杯内至七成满，加入打过的奶油，奶油浮在咖啡上，在奶油上淋少许巧克力膏；最后在巧克力膏上点缀五彩巧克力糖 |
| 爱尔兰咖啡 | 在爱尔兰咖啡杯中加入 30 毫升爱尔兰威士忌和两茶匙砂糖，置于酒精炉上加热并不断转动杯身以使咖啡杯受热均匀，等砂糖完全溶化后注入热咖啡，再加上打泡奶油 |
| 卡布其诺 | 用大咖啡杯装入意大利特浓咖啡，加上一层厚厚的起泡牛奶，然后撒上巧克力粉或肉桂粉 |
| 土耳其咖啡 | 将 150 克水注入铁壶烧开，加入 5 克糖、2 克咖啡，用茶勺搅匀，在咖啡刚往上冒时即将其倒入咖啡杯，上台时保持咖啡原味 |
| 清咖啡 | 煮法与法式咖啡相同，只是不加其他配料，只在每杯中放少许糖 |
| 鲜牛奶咖啡 | 在咖啡杯中倒入半杯咖啡（约 150 克），再与 150 克热牛奶兑在一起，上台时放 6 克糖 |
| 香桃咖啡 | 其煮法与法式咖啡相同，然后在咖啡杯中放两片香桃片、少许糖 |
| 冷咖啡 | 将 100 克咖啡放入壶内，兑 3 000 克水烧开，用中火煮约 10 分钟后拿起，将咖啡过滤到瓷壶内，放 300 克糖，冷却后将咖啡放入冰箱镇凉。上桌时将咖啡分别倒入 5 个咖啡杯，每杯兑入 50 克鲜牛奶，放上 1 粒樱桃 |
| 冰激凌咖啡 | 将 200 克冷咖啡倒入咖啡杯，放入 50 克冰激凌球，再放入 5 克打泡奶油，摆上 1 粒樱桃 |

**4. 其他饮品**

（1）可可

可可树生长在热带，属梧桐科常绿乔木，终年持续开花结果，果实呈长卵圆形，带红色、黄色或褐色，种子扁平，果壳厚而硬。将其种子焙炒并粉碎后即可得到可可粉。可可是制作巧克力的原料，可作饮品，也可药用，有强心、利尿的功效。

192

（2）牛奶

牛奶含有丰富的蛋白质、脂肪、乳糖和人体所需的主要矿物质，如钙、磷及维生素等，营养丰富，利于消化吸收。

（3）果汁

果汁的种类很多，一般分为鲜榨、罐装和浓缩三种。果汁含有丰富的矿物质、维生素、糖及有机酸等，既可单饮，又可用于调制鸡尾酒。常见的果汁有橙汁、柠檬汁、菠萝汁、西柚汁、葡萄汁等。果汁的最佳饮用温度为 10℃。服务人员应先将果汁放入冰箱冷藏，斟倒时倒满 3/4 即可。

鲜榨果汁的保鲜时间为 24 小时，罐装果汁开启后可以存放 3～5 天，稀释后的浓缩果汁只能存放 2 天。因此，服务人员准备果汁时不宜过量，以免造成浪费。

（4）矿泉水

矿泉水含有多种矿物质，具有水质好、无杂质的特点。其味有微咸和微甜两类，饮之清凉爽口，有助消化。

（5）汽水

汽水是一种含有大量二氧化碳的解暑饮料，用一定比例的冷开水、柠檬酸、药用小苏打、白糖、柠檬香精、食用色素（柠檬黄）等原料配制而成。

人饮用汽水后，二氧化碳会很快从体内排出，这样就带走了人体内的热量，使人感到清凉。另外，汽水对胃壁有轻微的刺激作用，能加速胃液分泌，促进消化。

## 五、餐饮安全卫生基础知识

### 1. 餐饮业食品安全基础知识

《中华人民共和国食品安全法》（以下简称《食品安全法》）规定，在中华人民共和国境内从事餐饮服务的企业和人员应当遵守本法。食品生产经营者应当依照法律、法规和食品安全标准从事生产经营活动，保证食品安全，诚信自律，对社会和公众负责，接受社会监督，承担社会责任。

（1）食品安全标准

《食品安全法》规定，食品安全标准应当包括下列内容：

① 食品、食品添加剂、食品相关产品中的致病性微生物，农药残留、兽药残留、生物毒素、重金属等污染物质以及其他危害人体健康物质的限量规定；

② 食品添加剂的品种、使用范围、用量；

③ 专供婴幼儿和其他特定人群的主辅食品的营养成分要求；

④ 对与卫生、营养等食品安全要求有关的标签、标志、说明书的要求；

⑤ 食品生产经营过程的卫生要求；

⑥ 与食品安全有关的质量要求；

⑦ 与食品安全有关的食品检验方法与规程；

⑧ 其他需要制定为食品安全标准的内容。

（2）食品生产经营

《食品安全法》规定，食品生产经营应当符合食品安全标准，并符合下列要求：

① 具有与生产经营的食品品种、数量相适应的食品原料处理和食品加工、包装、贮存等场所，保持该场所环境整洁，并与有毒、有害场所以及其他污染源保持规定的距离；

② 具有与生产经营的食品品种、数量相适应的生产经营设备或设施，有相应的消毒、更衣、盥洗、采光、照明、通风、防腐、防尘、防蝇、防鼠、防虫、洗涤以及处理废水、存放垃圾和废弃物的设备或设施；

③ 有专职或兼职的食品安全专业技术人员、食品安全管理人员和保证食品安全的规章制度；

④ 具有合理的设备布局和工艺流程，防止待加工食品与直接入口食品、原料与成品交叉污染，避免食品接触有毒物、不洁物；

⑤ 餐具、饮具和盛放直接入口食品的容器，使用前应当洗净、消毒，炊具、用具用后应当洗净，保持清洁；

⑥ 贮存、运输和装卸食品的容器、工具和设备应当安全、无害，保持清洁，防止食品污染，并符合保证食品安全所需的温度、湿度等特殊要求，不得将食品与有毒、有害物品一同贮存、运输；

⑦ 直接入口的食品应当使用无毒、清洁的包装材料、餐具、饮具和容器；

⑧ 食品生产经营人员应当保持个人卫生，生产经营食品时应当将手洗净，穿戴清洁的工作衣、帽等，销售无包装的直接入口食品时，应当使用无毒、清洁的容器、售货工具和设备；

⑨ 用水应当符合国家规定的生活饮用水卫生标准；

⑩ 使用的洗涤剂、消毒剂应当对人体安全、无害；

⑪ 法律、法规规定的其他要求，非食品生产经营者从事食品贮存、运输和装卸的，应当符合上述相关规定。

**2. 餐饮从业人员卫生基础知识**

餐厅服务的卫生规范与服务人员个人卫生情况有密切的关系。良好的个人卫生习惯，不仅可以保证服务人员高效地工作，而且可以防止疾病的传播，避免食品原料被污染，防止食物中毒事件的发生。

（1）手部清洁要求

餐饮从业人员的手部清洁要求如下。

① 工作前必须洗手消毒。手接触不洁净的物品后应及时清洗，清洗后不得用抹布尤其是不干净的抹布擦。

② 上洗手间后应及时洗手。应在洗手间内洗手，不得在操作间内用水龙头洗手，以免水池或其他食品被污染。

③ 处理垃圾后应及时洗手消毒。

（2）个人卫生习惯

餐饮从业人员应养成如下个人卫生习惯。

① 出现腹泻、呕吐、发热、咽喉疼痛、皮疹等症状时，应及时到医院就诊，不能继续留在岗位上。

② 不得使用个人餐具（调羹、筷子等）或手直接接触餐厅内待售的食物或其他制成品。

③ 不得使用餐厅内的用具洗澡、洗脚、洗脸、洗衣服等。

④ 养成勤洗澡的好习惯，保持体味清新。

⑤ 不得对着食品尤其是熟食及其他制成品咳嗽或打喷嚏等。

⑥ 一线人员在操作时不能戴戒指、手镯、手表等。

⑦ 手指、手掌等部位有伤口时，应包扎好，并戴上橡胶手套，以防污染食品，视情况可以请假休息。

⑧ 工作期间不得吸烟、吃东西、随地吐痰等，更不能带外部人员来餐厅内吸烟、吃零食、打牌等。厨师在品尝菜的味道时，若用炒勺将菜盛到小碗中品尝，剩余的菜不得倒进锅中。

⑨ 服务人员必须取得健康证明及接受卫生知识培训后才能上岗，不得无证上岗或先上岗后取证。

**3. 餐饮业消防安全知识**

消防工作应以预防为主，防消结合。

（1）消防安全责任

餐厅员工的消防安全责任如下。

① 餐厅员工每天上、下班时必须认真检查本岗位的消防安全情况，及时发现并消除一切消防安全隐患。对于处理不了的隐患，餐厅员工要立即上报值班领导和

餐厅安全部门。

② 餐厅员工要熟悉就餐顾客的情况，在工作中要勤看、勤听、勤检查，注意饮酒过量和吸烟的顾客，发现异常情况应立即汇报。

③ 餐厅员工必须熟悉餐厅的布局、本岗位环境、本岗位灭火器材的摆放位置、安全通道的走向、防火报警装置的位置，并懂得使用灭火器、消火栓等消防器材；必须做到"三会"，即会检查与消除火灾隐患、会扑救初起火灾、会组织人员疏散。

④ 餐厅员工在下班前，应检查灯具、空调、风扇等电器是否已关闭，工作现场有无火灾隐患，检查合格后方可下班。餐厅值班领导要注意进行下班前的复查工作。

⑤ 餐厅员工必须掌握操作设备及物品的情况，熟悉使用方法及操作规程，防止因操作不当而引起火灾。

⑥ 餐厅服务人员在工作中须注意发现和清理顾客遗留的烟蒂，以及易燃易爆等危险物品。在打扫餐厅卫生时，服务人员要把烟灰缸内没有熄灭的烟蒂用水浸湿后，再倒入垃圾桶内，不能将未熄灭的烟蒂直接倒入垃圾桶；在整理包间和大厅时要仔细检查房间的每个位置，检查房间内有无遗留火种和消防隐患。

⑦ 餐厅厨师下班时必须关闭燃气、油灶、火炉，严格执行与燃气、灶具等相关的安全操作规程。下班时，当班厨师长必须复查一次。

⑧ 餐厅服务人员必须掌握使用酒精块的安全程序，并在指定地点存放酒精块。

⑨ 餐厅员工应做好消防安全疏散工作。疏散时，要认真检查每个地点，确认房内无人后将房门关好，用粉笔在房门外画上标记。只有在确认该楼层的顾客全部疏散后，餐厅员工才能撤离。

⑩ 餐厅员工必须积极参加上级部门和部门内部举行的消防安全培训，不得无故不到或不参加。

（2）火灾处理

火灾的处理办法如下。

① 报警。发生火灾后，餐厅员工要及时拨打"119"报警电话。报警时要沉着冷静，讲清着火单位（部门）、着火地点、起火部位、燃烧情况、燃烧物质与蔓延趋势，如有危险化学物品必须讲明，同时讲清报警人姓名、单位（部门）、电话号码，并派人到路口等候，待消防车到达后引领消防车到火场灭火。

② 灭火。火灾事故发生后，餐厅专职消防员和有关人员应迅速赶到现场，了解起火部位、存放物资的性质及电器、线路、管道阀门的走向和开关情况。

◆在扑救过程中，餐厅专职消防员和其他员工应自觉服从现场最高负责人的指挥，沉着冷静地使用灭火器材进行扑救，做到"先控制、后灭火"。

◆一些难以搬运的物资、设备要用水冷却。

◆在扑救过程中，餐厅员工应戴上防毒面具或口罩，或者用湿毛巾捂鼻，防止中毒。

③ 疏散。

◆发生火灾后，餐厅员工应先将孕妇、老弱病残疏散到安全地带。

◆如果走廊充满烟雾，要注意寻找出口指示灯，朝指示灯所指的方向疏散，并用湿毛巾捂住口鼻。疏散时，应弯腰或伏地前进。

◆疏散时，切勿使用电梯，上、下楼层均要疏散。

◆疏散时，要分散人流，避免大量人员涌向一个出口，避免造成拥挤踩踏事故。

◆对受伤人员要及时进行紧急处理，迅速将其转移到安全区域。

◆疏散物品时要分清主次、缓急，方法要适当。一般情况下，应先疏散危险的、贵重的、处于下风方向的物品。

④ 逃生。

◆保持冷静，明确逃生方向及安全门位置。

◆出房门前先触摸门板及把手，感觉烫时切勿开门。

# 附录D　餐厅服务必备素质

## 一、思想素质要求

良好的思想素质是做好服务工作的基础。

餐厅服务人员应树立正确的价值观，严格遵守工作纪律，充分认识到餐厅服务知识对提高服务质量的重要作用，热爱本职工作，养成良好的行为习惯，将企业和消费者的利益放在第一位，提供尽善尽美的服务。

## 二、职业道德要求

职业道德，是与人们的职业活动紧密联系的符合职业所要求的道德准则、道德情操与道德品质的总和，它既是对本职人员在职业活动中的行为要求，又是职业对社会所负的道德责任与义务。为了能更好地提供优质的服务，每一位餐厅服务人员都必须遵守一定的职业道德规范。

### 1. 热情友好、顾客至上

热情友好、顾客至上是餐厅服务人员职业道德中基本的和具有特色的一项道德规范，也是餐厅真诚欢迎顾客的直接表现，还是餐厅服务人员敬业、乐业精神的具体体现。其具体要求如下。

（1）热情友好，不卑不亢。

（2）谦虚谨慎，尊重顾客。

（3）牢记服务宗旨，规范服务行为。

### 2. 真诚公道、信誉第一

真诚公道、信誉第一是正确处理餐厅与顾客之间利益关系的一项行为准则。其具体要求如下。

（1）广告宣传，恰如其分。

（2）信守合同，履行承诺。

（3）按质论价，收费合理。

（4）真诚待客，拾金不昧。

（5）实事求是，知错就改。

### 3. 文明礼貌、优质服务

文明礼貌、优质服务是餐饮行业一项极其重要的职业道德规范和业务要求，也是餐厅服务人员职业道德的显著特点。其具体要求如下。

（1）仪表整洁，举止大方。

（2）微笑服务，礼貌待客。

（3）环境优美，食品卫生。

（4）保质保量，设施完好。

（5）尽心尽责，服务周到。

（6）语言优美，谈吐文雅。

### 4. 团结协作、顾全大局

团结协作、顾全大局是餐厅经营管理成功的重要保证，是餐厅内部处理同事之间、岗位之间、部门之间，以及整体利益与个人利益、眼前利益与长远利益等的一项行为准则。其具体要求如下。

（1）团结友爱，互相尊重。

（2）密切配合，互相支持。

（3）学习先进，互相帮助。

（4）发扬美德，互相关心。

### 5. 遵纪守法、廉洁奉公

遵纪守法、廉洁奉公是餐饮服务人员正确处理个人与集体、个人与国家关系的行为准则，既是法律和行政法规的要求，又是道德规范的要求。其具体要求如下。

（1）严格执行政策法令。

（2）自觉遵守职业纪律。

（3）反对不正之风，抵制精神污染。

（4）坚持集体主义，维护国家利益。

### 6. 钻研业务、提高技能

钻研业务、提高技能是各行各业共同的业务要求和道德规范，也是餐厅服务人员不可缺少的职业道德，还是餐厅服务人员做好本职工作的关键。其具体要求如下。

（1）要具有强烈的职业责任感。

（2）要具备崇高的职业理想和坚强的意志。

（3）要掌握正确的途径和方法。

### 7. 平等待客、一视同仁

每一位餐厅服务人员都应自觉地尊重顾客的人格，主动热情地满足顾客的合理要求，把令人满意的服务提供给每一位顾客；在提供服务时，要摒弃"看人下菜碟"的陋习，不得以貌取人、以职取人。

具体来说，要注意以下两个方面。

（1）在接待服务中，要做到"三个一样"，具体要求如下。

- "高、低一样"，即一样看待高消费顾客和低消费顾客，不能重"高"轻"低"。
- "内、外一样"，即一样看待国内顾客和国外顾客，不能重"外"轻"内"。
- "新、老一样"，即一样看待新顾客和老顾客，不能重"老"轻"新"。

（2）在一视同仁的前提下，要做到"两个照顾"，具体要求如下。

- 照顾先来的顾客。
- 照顾妇女、儿童和老弱病残。

## 三、服务态度要求

服务态度是指餐厅服务人员在对客服务过程中体现出来的主观意向和心理状态，其好坏直接影响顾客的心理感受。服务态度的好坏取决于餐厅服务人员的主动性、创造性、积极性、责任感及素质的高低。其具体要求如下。

### 1. 主动

餐厅服务人员应牢固树立"顾客至上、服务第一"的意识，在服务工作中处处为顾客着想，表现出主动、积极的态度。只要顾客有需求，不分分内、分外，发现后即主动、及时地予以解决，做到眼勤、口勤、手勤、脚勤、心勤，把服务工作做在顾客开口要求之前。

### 2. 热情

餐厅服务人员应热爱本职工作，热爱自己的服务对象，像对待亲友一样为顾客服务，做到面带微笑、端庄稳重、语言亲切、精神饱满、诚恳待人，具有助人为乐的精神，热情待客。

### 3. 耐心

餐厅服务人员在为各种不同类型的顾客服务时，应有耐性，不急躁、不厌烦，态度和蔼。餐厅服务人员应善于揣摩顾客心理，对他们提出的所有问题，都应耐心解答；能虚心听取顾客的意见和建议；与顾客发生矛盾时，应尊重顾客，并有较强的自律能力，做到心平气和、耐心沟通。

**4. 周到**

餐厅服务人员应将服务工作做得细致入微、面面俱到、周密妥帖。

（1）服务前，应做好充分的准备工作，为服务工作制订细致、周到的计划。

（2）服务时，应仔细观察，及时发现并满足顾客的需求。

（3）服务结束后，应认真征求顾客的意见或建议，并及时反馈，以便未来将服务工作做得更好。

## 四、服务知识要求

餐厅服务看似简单，但要想做好，服务人员须具备一定的服务知识。

**1. 基础知识**

基础知识主要有员工守则、礼貌礼节、职业道德、外事纪律、餐厅安全与卫生、服务心理学、外语知识等。

**2. 专业知识**

专业知识主要包括食品营养、烹饪、岗位职责、运转程序、运转表单、管理制度、设备设施的使用与保养、餐厅服务项目及营业时间、沟通技巧等。

**3. 相关知识**

相关知识主要包括哲学、美学、文学、艺术、法律、医学，各国的历史文化、习俗和礼仪，本地及周边地区的旅游景点及交通情况等。

## 五、能力要求

餐厅服务人员要经常与顾客接触，为顾客服务，又要与顾客进行必要的沟通与交流，这就要求餐厅服务人员具备如下能力。

**1. 语言表达能力**

语言是人与人沟通、交流的工具。因此，餐厅服务人员应具有良好的语言表达能力。

**2. 应变能力**

由于餐厅服务工作大多通过手工劳动完成，而且顾客的需求多变，因此在服务过程中难免会出现一些突发事件，如顾客投诉、操作失误、顾客醉酒闹事、停电等。这就要求餐厅服务人员必须具备强大的应变能力，遇事冷静，妥善处理，充分体现餐厅"顾客至上"的服务宗旨，尽量满足顾客的需求。

### 3. 推销能力

餐饮产品的生产、销售及顾客消费几乎是同步进行的，这要求餐厅服务人员必须根据顾客的爱好、习惯及消费能力进行灵活推销，从而提高餐厅的经济效益。

### 4. 技术能力

技术能力是指餐厅服务人员在提供服务时展现的技巧和能力，它不仅能提高工作效率，保证餐厅服务的规格、标准，还能给顾客带来赏心悦目的感受。要想做好餐厅服务工作，就必须具备一定的技术能力，并能灵活、自如地加以应用。

### 5. 观察能力

餐厅服务质量的高低取决于顾客在接受服务后的心理感受，即顾客需求的满足程度。餐厅服务人员应具备敏锐的观察能力，随时关注顾客的一举一动并及时满足其需求。

### 6. 记忆能力

餐厅服务人员通过观察了解到顾客需求后，除了应及时满足，还应加以记忆。等顾客下次再来的时候，就能提供有针对性的个性化服务，这无疑会提高顾客的满意度。

### 7. 自律能力

自律能力是指餐厅服务人员在工作过程中的自我控制能力。餐厅服务人员应遵守餐厅员工守则等，知道在何时、何地能做什么，不能做什么。

### 8. 服从与协作能力

服从是下属对上级的应尽责任。餐厅服务人员应具有服从上级命令的纪律观念，应切实执行直接上级的指令。

## 六、身体素质要求

良好的身体素质是做好餐饮服务工作的基本保证。

### 1. 身体健康

《食品安全法》第四十五条规定："食品生产经营者应当建立并执行从业人员健康管理制度。患有国务院卫生行政部门规定的有碍食品安全疾病的人员，不得从事接触直接入口食品的工作。

"从事接触直接入口食品工作的食品生产经营人员应当每年进行健康检查，取得健康证明后方可上岗工作。"

### 2. 体格强健

餐饮服务工作的强度较大，站立、行走、托盘等都要求相关人员具有一定的腿力、臂力和腰力。只有具备强健的体魄，才能胜任此项工作。